Poftim la masă

Rumänische Rezepte modern interpretiert

„Poftă bună" heißt es in Rumänien, wenn das Essen auf dem Tisch steht. Die hier präsentierten Rezepte stehen für all die Gaumenfreuden meiner Kindheit. Als meine Mutter mir vor ein paar Jahren einen Stapel handgeschriebener Zettel mit der Bitte übergab, diese in den Computer zu tippen, war mir sehr schnell klar: diese Rezepte mussten in ein Kochbuch. Und dies nicht nur, weil ich in Rumäninnen geboren bin. Viel mehr aufgrund meiner Kochleidenschaft und meiner in den letzten Jahren gewachsenen Rumänienbegeisterung. Viele meiner Lieblingsgerichte sind hier aufgeführt und ich bin mir sicher, auch für Sie ist eines dabei.

Für all diejenigen, die sich das erste Mal mit der rumänischen Küche befassen, hier noch ein paar Hintergrundinformationen bevor es an den Kochtopf geht: In Rumänien haben viele Völker Ihre kulinarischen Spuren hinterlassen. So finden sich Einschläge der russischen, türkischen, ungarischen, österreichischen und italienischen Küche. Beim Zubereiten der Speisen werden Sie neue Geschmacksrichtungen kennenlernen, die von frischen Zutaten, intensiven Kräutern und säuerlichen Geschmackserlebnissen geprägt sind.

Ich habe bis auf die asiatische Küche noch nie so viele Variationen von Suppen und Fischgerichten kennengelernt. In Rumänien unterscheidet man grundsätzlich zwischen zwei Arten von Suppe: ciorbă und supă. Die Erste ist meist eine gehaltvolle Gemüsesuppe mit Einlage, die von säuerlichem Geschmack ist und Letztere wird eher von einem süßlichen Aroma begleitet. Von jeher wird mit aromatischem Liebstöckel,

Bohnenkraut und Lorbeerblatt gewürzt. Den säuerlichen Geschmack erhalten die Gerichte dank borç (Brottrunk).

In der rumänischen Küche spielen Fische eine große Rolle – sowohl Süßwasser, als auch Meeresfische. Dabei nimmt der Karpfen die Spitzenposition ein. Dicht gefolgt von Hecht und Stör. Karpfen werden Sie in verschiedenen Abwandlungen auf vielen Speisekarten finden – von kalt und gegrillt über eingelegt bis hin zur Frikadelle. In der rumänischen Küche wird viel Gemüse verwendet – meist selbst angebautes. Aus Gemüse wird so manch schmackhaftes Gericht zubereitet. Mal als Eintopf, mal als Mus oder einfach nur als köstliche Beilage. Zu einem rumänischen Essen jedoch darf der Nachtisch nicht fehlen. Egal, ob süß oder sauer – es gibt für jeden Geschmack das passende Dessert oder den passenden Käse. Zum krönenden Abschluss eines jeden Essens dann noch ein Gläschen köstlich selbstgebrannter Obstschnaps ţuică und eine Tasse Mokka.

Und, läuft Ihnen bereits das Wasser im Mund zusammen? Dann nichts wie ran an den Kochtopf. Vielleicht finden Sie nach dem Essen ja noch etwas Zeit, um mir von Ihren Erfahrungen mit den Rezepten zu berichten oder mir allgemein Ihre Meinung zu dem Kochbuch zu sagen. In dem Blog zu dem Buch – www.wortraum-verlag.de – können Sie Feedback geben oder gar eigene Rezepte mit mir teilen. Wer weiß, vielleicht frage ich ja mal bei Ihnen nach, ob ich es in einem der nächsten Kochbücher präsentieren darf. Ich freue mich schon sehr auf den Dialog mit Ihnen.

In diesem Sinne: Poftă bună – Guten Appetit!
Ihre Christina Bugl

INHALT

VORSPEISEN

Apfel-Mais-Salat
Salată de mere

Zutaten

Salat

2 Äpfel

1 Dose Gemüsemais

1 rote Zwiebel (mittelgroß)

100 g Sauerrahm oder Schmand

Mayonnaise

2 Eigelb

1–2 TL Zitronensaft

4–6 EL Öl

1 Prise Salz

1 Prise Pfeffer

Zubereitung

Äpfel schälen und ebenso wie die Zwiebeln in kleine Würfel schneiden. Zusammen mit dem abgetropften Mais zu der Mayonnaise und dem Sauerrahm hinzufügen. Alles gut vermischen und mit Salz und Pfeffer abschmecken.

Für die Mayonnaise das Eigelb in eine Schüssel geben und unter ständigem Rühren das Öl tröpfchenweise langsam unterrühren. Zum Schluss mit Salz, Pfeffer und Zitronensaft abschmecken. Achten Sie darauf, dass die Zutaten handwarm sind.

Tipp: Der Salat eignet sich sehr gut als Beilage zu Fisch oder Fischstäbchen.

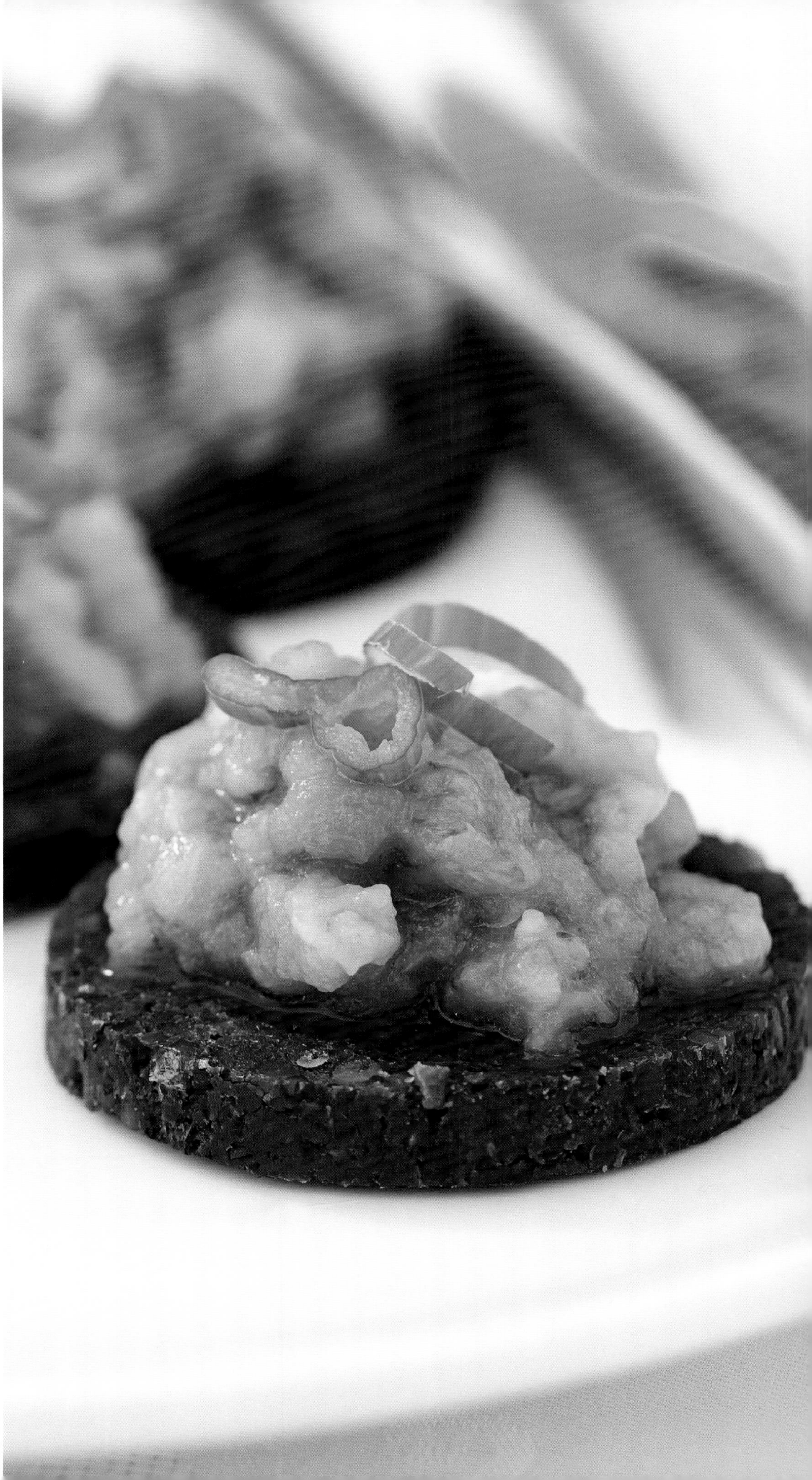

Auberginenaufstrich
Salată de vinete

Zutaten

1 mittelgroße Aubergine
2 Frühlingszwiebel
2–4 EL Öl
1 Prise Salz
1 Prise Pfeffer

Dekoration
1 Tomate

Zubereitung

Aubergine mit einer spitzen Gabel rundherum einstechen. Backofen auf 250 °C vorheizen. Die eingestochene Aubergine auf einem Stück Backpapier auf den Rost (mittlere Schiene) legen und ca. 20 Minuten backen (Ober- und Unterhitze).

Die Aubergine anschließend enthäuten, pürieren oder mit einem Holzmesser fein hacken. Die Lauchzwiebeln sehr fein schneiden und dem Auberginenmus hinzufügen. Das Öl tröpfchenweise unterrühren, mit Salz und Pfeffer abschmecken. Statt Öl können Sie auch Mayonnaise verwenden.

Unbedingt ein Holzmesser oder einen Holzlöffel verwenden, da das Auberginenfleisch bei Berührung mit Metall oxidiert.

Tipp: *Die Aubergine ist fertig gegart, wenn sich die Haut problemlos vom Fruchtfleisch abziehen läßt. Wer es deftiger mag, kann anstatt Frühlingszwiebeln Knoblauch verwenden.*

Rindfleisch-Salat
Salată de boeuf

Zutaten

Salat

200 g Rindfleisch
(möglichst fettfrei)

2 Karotten

1 Petersilienwurzel

1 kleiner Knollensellerie

2–3 Kartoffeln

2 saure Gewürzgurken

200 g Sauerrahm

1 TL Senf

Mayonnaise

2 Eigelb

1 TL Zitronensaft

4 EL Öl

Salz

Pfeffer

Dekoration

1–2 gekochte Eier oder
Oliven (nach Geschmack)

Zubereitung

Fleisch in siedendem Wasser garen und anschließend zur Seite stellen. Karotten, Petersilienwurzel, Knollensellerie und Kartoffeln in der Fleischbrühe garen. Inzwischen die gewünschte Mayonnaise zubereiten. (Grundrezept siehe Seite 12).

Gemüse, Fleisch und Gewürzgurken in kleine Würfel schneiden und gut vermengen. Anschließend Sauerrahm und Senf mit einem Teil der Mayonnaise anrühren und sorgfältig mit den restlichen Zutaten mischen.

Den fertigen Salat mit der übrigen Mayonnaise und – je nach Geschmack – mit gekochten Eiern und/oder Oliven dekorieren.

Tipp: *Wem Rindfleisch nicht zusagt, der kann auch Hähnchen-, Puten-, Rauchschweinefleisch oder Weißfisch verwenden.*

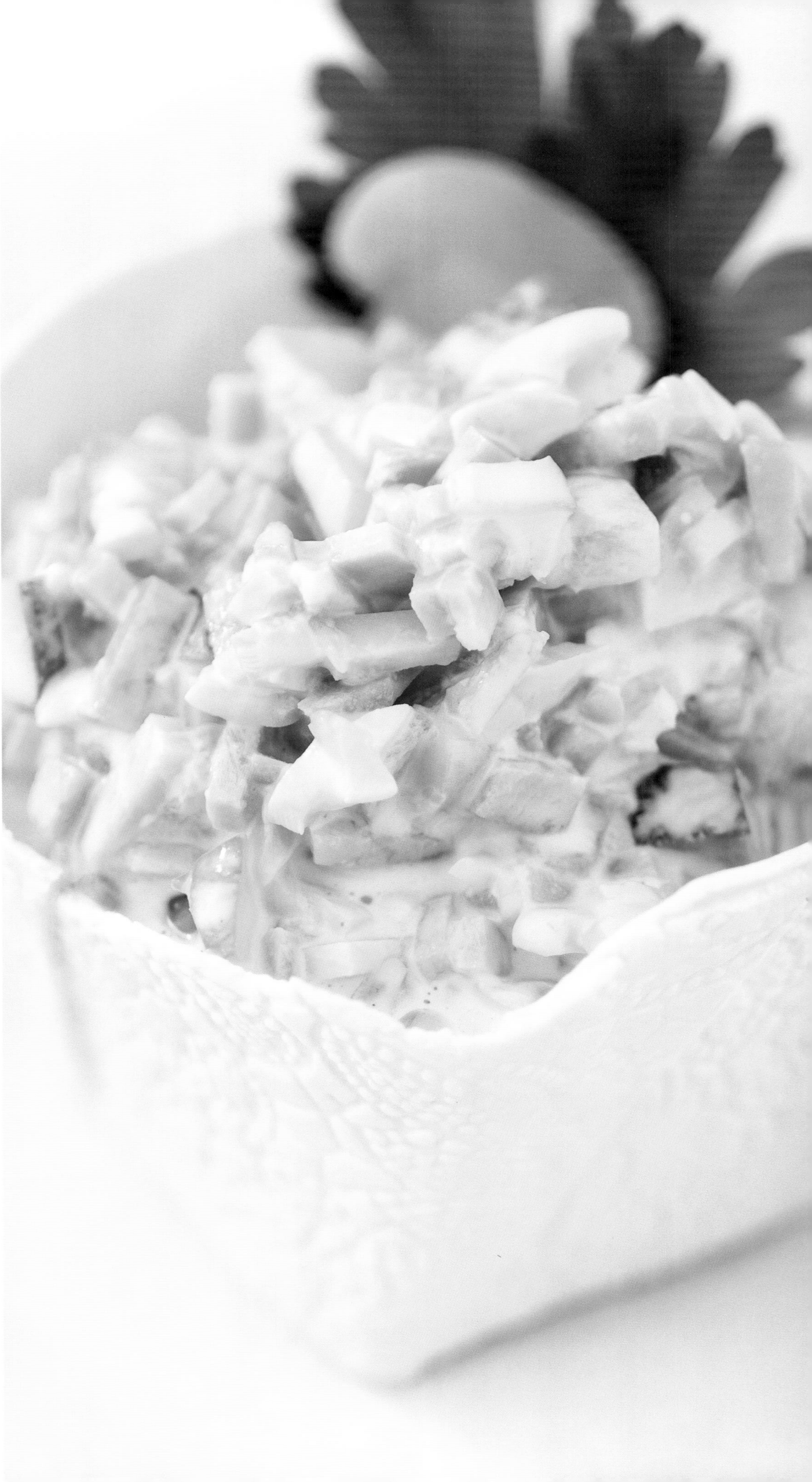

Champignon-Salat
Salată de champignon

Zutaten

*250 g gekochten Vorder-
schinken*

*1 Dose Champignons
(Köpfe)*

4 – 8 Gewürzgurken

*100 g Sauerrahm oder
Schmand*

Mayonnaise

2 Eigelb

1 TL Zitronensaft

4 EL Öl

Salz

Pfeffer

Zubereitung

Kochschinken, Gewürzgurken sowie Champignons in kleine Würfel schneiden. Alles zusammen zu der Mayonnaise (Grundrezept siehe Seite 12) geben und Sauerrahm oder Schmand hinzufügen. Gut vermengen und mit Salz und Pfeffer abschmecken.

Tipp: *Kalt stellen und mit frischem Bauernbrot servieren. Auch Erdbeeren sind eine köstliche Ergänzung.*

Gebackene Paprika
Salată de ardei copți

Zutaten

8 lange gelbe Paprika

2 EL Öl

½ Tasse Wasser

1 EL Weißweinessig

Salz

Pfeffer

Zubereitung

Den Backofen auf 250 °C vorheizen. Paprika auf den mit Backpapier belegten Rost legen und auf der mittleren Schiene in den Ofen schieben. 20 Minuten bei 250 °C (Ober- und Unterhitze) grillen.

Nun die Paprika herausnehmen, in einer Schüssel mit Salz bestreuen und ca. 30 Mintuen zugedeckt ruhen lassen.

Inzwischen in einer Sauciere das Wasser, den Weißweinessig und das Öl anrühren, mit Salz und Pfeffer abschmecken. Abschließend die Paprika dazu geben und zugedeckt über Nacht im Kühlschrank durchziehen lassen.

Tipp: Gebackene Paprika sind eine ausgezeichnete Beilage zu allen Fleischgerichten.

Krautsalat
Salată de varză

Zutaten

*1 Spitzkraut oder
jungen Weißkohl*

3–5 EL Öl

1 EL Zitronensaft

frischer Dill

Salz

Pfeffer

Zubereitung

Das junge Kraut raspeln bzw. in sehr feine Streifen schneiden und nach Geschmack salzen. Anschließend mit Öl, Zitronensaft und Dill würzen. Gut vermischen.

Tipp: *Der leichte Krautsalat ist die ideale Beilage zu gebratenem Fleisch, Würstchen oder Kartoffelgerichten.*

Römische Knödel
Găluşti Romane

Zutaten

½ l Milch

4 EL Grießmehl

Semmelbrösel

Öl

100 g Parmesan

2 Eigelb

2 Eiweiß

Butter

200 g Sauerrahm

Salz

Zubereitung

Milch zum Sieden bringen und unter permanentem Rühren den Grieß zugeben. Wenn die Masse fast kalt ist, geriebenen Parmesan, Eigelb, Eischnee und eine Prise Salz hinzugeben. Gut miteinander vermengen.

Anschließend mit einem Teelöffel kleine Kugeln formen, in den Semmelbröseln wälzen und in ausreichend Öl von beiden Seiten schwimmend braten.

In der Zwischenzeit den Backofen auf 200 °C vorheizen. Die gebratenen Knödel in eine mit Butter gefettete Aufflaufform setzen, Sauerrahm darüber gießen und ca. 5 Minuten im vorgeheizten Backofen bei 200 °C auf mittlerer Schiene überbacken.

Tipp: *Als Alternative zu Parmesan eignet sich auch ein würziger Bergkäse. Die frittierten Knödel – ohne Backofengang – sind mit Sauerrahm-Dip ein beliebter Partysnack.*

Grieben-Krapfen
Pogăcele cu jumări

Zutaten

200 g Grieben

350 g Mehl

2 Eigelb

2 Eiweiß

200 g Hefe

1 TL Zucker

½ TL Salz

6 EL Milch

1 Messerspitze Pfeffer

Kümmel oder gerieben

Parmesan zum Bestreuen

Zubereitung

Die Hefe mit Zucker verrühren, 3 Esslöffel Milch sowie 1 Esslöffel Mehl dazu geben und 15 Minuten an einem warmen Ort aufgehen lassen. Dann das restliche Mehl, 2 Eigelb, ½ Teelöffel Salz, 1 Messerspitze Pfeffer mit dem Rest Milch zu einem glatten Teig verarbeiten. Den Teig kneten und 15 Minuten ruhen lassen.

Zwischenzeitlich die Grieben durch den Fleischwolf drehen. Anschließend den Teig auf einer bemehlten Arbeitsfläche zu einem ca. 2 cm dicken Rechteck ausrollen. Die zerkleinerten Grieben in die Mitte setzen, den Teig von zwei Seiten darüber schlagen und erneut ausrollen. Diese Prozedur insgesamt 3x wiederholen. Dabei nach jedem Falten den Teig ca. 20 Minuten an einem kühlen Ort ruhen lassen. Beim letzten Mal den Teig ca. 3 cm dick ausrollen, runde Krapfen mit einem Glas ausstechen und mit einer Gabel einige Male einstechen.

Die Krapfen mit ausreichend Abstand im vorgeheizten Backofen bei 180 °C auf ein mit Backpapier belegtes Backblech legen und nochmals 15 Minuten aufgehen lassen. Dann mit geschlagenem Eiweiß bestreichen und mit Kümmel oder Parmesan – je nach Vorliebe – bestreuen.

Tipp: *Anstatt Grieben können Sie auch kleine gebratene Speckwürfel verwenden. Grieben-Krapfen sind in Rumänien ein beliebter Snack zum Aperitif.*

Gefüllte Tomaten mit Pilzen
Roșii umplute cu ciuperci

Zutaten

7 Tomaten

¼ kg Pilze (je nach Saison)

1 Zwiebel

2 EL Öl

1 EL Reis

Wasser

150 g Sauerrahm

frische Petersilie

Salz

Pfeffer

Zubereitung

Den Stielansatz der Tomaten so abschneiden, dass ein kleiner Deckel entsteht. Die Tomaten vorsichtig mit einem Teelöffel aushöhlen. Das Fruchtfleisch zur Seite stellen.

Pilze und Zwiebel würfeln und ca. 3 Minuten in Öl anbräunen. Reis, Salz, Pfeffer und etwas Wasser hinzugeben. Das Ganze zugedeckt dünsten, bis der Reis gar und das Wasser verdunstet ist. Die ausgehöhlten Tomaten mit der Pilz-Reis-Masse füllen und zusammen mit dem Tomatenfruchtfleisch in eine gebutterte Auflaufform setzen.

Den Backofen auf 200 °C vorheizen. Auf jede Tomate einen Teelöffel Sauerrahm geben und alles 15 – 20 Minuten auf mittlerer Schiene überbacken. Die gefüllten Tomaten werden warm mit fein gehackter Petersilie und etwas Soße serviert.

Tipp: Die Tomaten eignen sich sehr gut als Beilage zu Fisch- oder Fleischgerichten.

Paprika-Essen
Mancare de ardei

Zutaten

4 – 5 Paprika nach Wahl

2 – 3 mittelgroße Tomaten

1 EL Semmelbrösel

1 große Zwiebel

7 EL Öl

Salz

Pfeffer

Zubereitung

Den Backofen auf 250 °C vorheizen. Paprika im Ganzen auf den mit Backpapier belegten Rost legen und ca. 20 Minuten auf der mittleren Schiene (Ober-und Unter-hitze) grillen, bis die Haut leicht gebräunt ist.

Um die Paprika besser häuten zu können, werden sie nach dem Backen in eine Schüssel gegeben, mit ausrei-chend Salz bestreut und 30 Minuten zugedeckt stehen gelassen. Nach Ablauf der Zeit, die Haut einfach mit einem Messer abziehen, den Strunk entfernen und das Fruchtfleisch in Scheiben schneiden.

Die Zwiebel in dünne Ringe schneiden und in einer ofenfesten Pfanne mit 4 Esslöffel Öl andünsten. Die Paprikastreifen und die enthäuteten, in Würfel geschnit-tenen Tomaten dazu geben.

Die Semmelbrösel 2 Minuten in 3 Esslöffel Öl anbraten und über das Gemüse geben. Im vorgeheizten Backo-fen 10 Minuten bei 200 °C auf mittlerer Schiene weiter garen.

Tipp: *Das Paprikagemüse wird als Beilage zu Braten serviert.*

Gefüllte Paprika
Ardei umpluți

Zutaten

*200 g gemischtes Hack-
fleisch*

6 Paprika

1 Zwiebel

1 Ei

1 EL Reis

½ kg Tomaten

5 EL Öl

etwas Wasser

100 g Sauerrahm

1 TL Mehl

1 Blatt Selleriegrün

1 Bund Dill

1 Bund Petersilie

Salz

Pfeffer

Zubereitung

Paprika waschen und den Stiel samt Kernstrunk vorsichtig mit einem runden Schnitt entfernen. Die Zwiebel klein schneiden und in 2½ Esslöffel Öl andünsten. Anschließend Zwiebeln in einer Schüssel mit dem Hackfleisch, dem Ei und dem Reis gut vermengen sowie mit Salz und Pfeffer abschmecken.

Paprika mit der Fleischmasse füllen. Die Tomaten über Kreuz einritzen, überbrühen, kalt abschrecken, die Haut abziehen und in Würfel schneiden. 2½ Esslöffel Öl in einem Topf erhitzen und die gewürfelten Paprika rundherum ca. eine Minute anbraten. Die gewürfelten Tomaten zugeben und mit Wasser ablöschen, bis die Paprikawürfel komplett mit Flüssigkeit abgedeckt sind.

Nochmals mit etwas Salz abschmecken und 30 – 40 Minuten bei mittlerer Hitze leicht kochen. Inzwischen 2 Esslöffel Wasser mit Mehl anrühren und zum Andicken zur Soßenbasis in den Topf zugeben. Selleriegrün, Dill und Petersilie fein hacken, ebenfalls zugeben und noch einmal aufkochen. Zum Abschluss mit Sauerrahm verfeinern.

Tipp: *Gefüllte Paprika mit Reis
oder Kartoffeln servieren.*

Gefüllte Kohlrabi
Gulii umplute

Zutaten

6 junge Kohlrabi

200 g gemischtes Hackfleisch

1 Zwiebel

1 EL Reis

1 TL Mehl

4 – 5 EL Öl

etwas Wasser

Zitronensaft

1 Ei

1 Bund frischer Dill

1 Bund frische Petersilie

100 g Sauerrahm

Salz

Pfeffer

Zubereitung

Die Kohlrabi waschen, schälen und gleichmäßig aushöhlen. Den ausgeschabten Inhalt der Kohlrabi in einem Topf verteilen. Zwiebel würfeln und in Öl andünsten. Anschließend die Zwiebel in einer Schüssel mit Hackfleisch, Ei, Reis und 3 Esslöffel Wasser vermengen. Dill und Persilie fein hacken, ebenfalls untermischen, mit Salz und Pfeffer abschmecken.

Die ausgehöhlten Kohlrabi mit der Fleischmasse füllen und in den Topf stellen. Dann die Kohlrabi mit heißem Wasser übergießen, bis sie mit Flüssigkeit bedeckt sind. Zugedeckt 30 – 40 Minuten bei kleiner Hitze leicht köcheln.

Inzwischen einen Teelöffel Mehl in 2 Esslöffel kaltem Wasser klumpenfrei einrühren und nach Geschmack mit Sauerrahm versetzen. Sind die Kohlrabi gar, die Mischung zum Andicken der Soße zugeben und nochmals kurz aufkochen. Abschließend mit Salz und etwas Zitronensaft abschmecken. Zum Servieren mit Dill bestreuen.

Tipp: *Mit frischem Baguette und einem zusätzlichen Klecks saurer Sahne servieren. Die Kohlrabi können auch mit Käse überbacken werden.*

VORSPEISEN
SUPPEN

Suppe mit Fleischklößchen
Ciorbă de perişoare

38

Zutaten

300 g Bauchspeck

2 l Wasser

4 EL Öl

1 Karotte

1 Petersilienwurzel

1 Schalotte

1 Knollensellerie

frischer Dill

1 Zwiebel

frische Petersilie

1 Paprika

Salz

1–2 Tomaten

Pfeffer

1,4 l Brottrunk

frischer Liebstöckel

Fleischklößchen

150 g Hackfleisch

1 TL Reis

1 Ei

Eistich

1 Eigelb

100 g Sauerrahm

Zubereitung

Für die Suppenbasis Zwiebel fein würfeln, Gemüse putzen sowie raspeln und alles in etwas Öl andünsten. Mit 2 Litern Wasser ablöschen, Bauchspeck hinzugeben und ca. 30 Minuten kochen.

Inzwischen für die Fleischklößchen die gewürfelte Schalotte ebenfalls kurz in etwas Öl andünsten und in einer Schüssel mit Hackfleisch, Reis, Ei sowie fein gehacktem Dill und Petersilie gut vermischen. Mit Salz und Pfeffer abschmecken. Aus der Fleischmasse kleine Bällchen mit einem Teelöffel formen.

Paprika putzen und in feine Würfel schneiden. Tomaten über Kreuz leicht einschneiden, überbrühen und sofort kalt abschrecken. Die Haut abziehen und das Fruchtfleisch würfeln. Paprika- und Tomatenwürfel zusammen mit den Fleischklößchen in die siedende Suppenbasis gleiten lassen.

Nach weiteren 30 Minuten Kochzeit, den Brottrunk hinzugießen und abermals aufkochen. Zum Abschluss das Eigelb mit dem Sauerrahm verrühren und in die Suppe geben. Mit Salz und Liebstöckel abschmecken. Heiß servieren.

Tipp: Dampfend heiß servieren und frisches Brot dazu reichen.

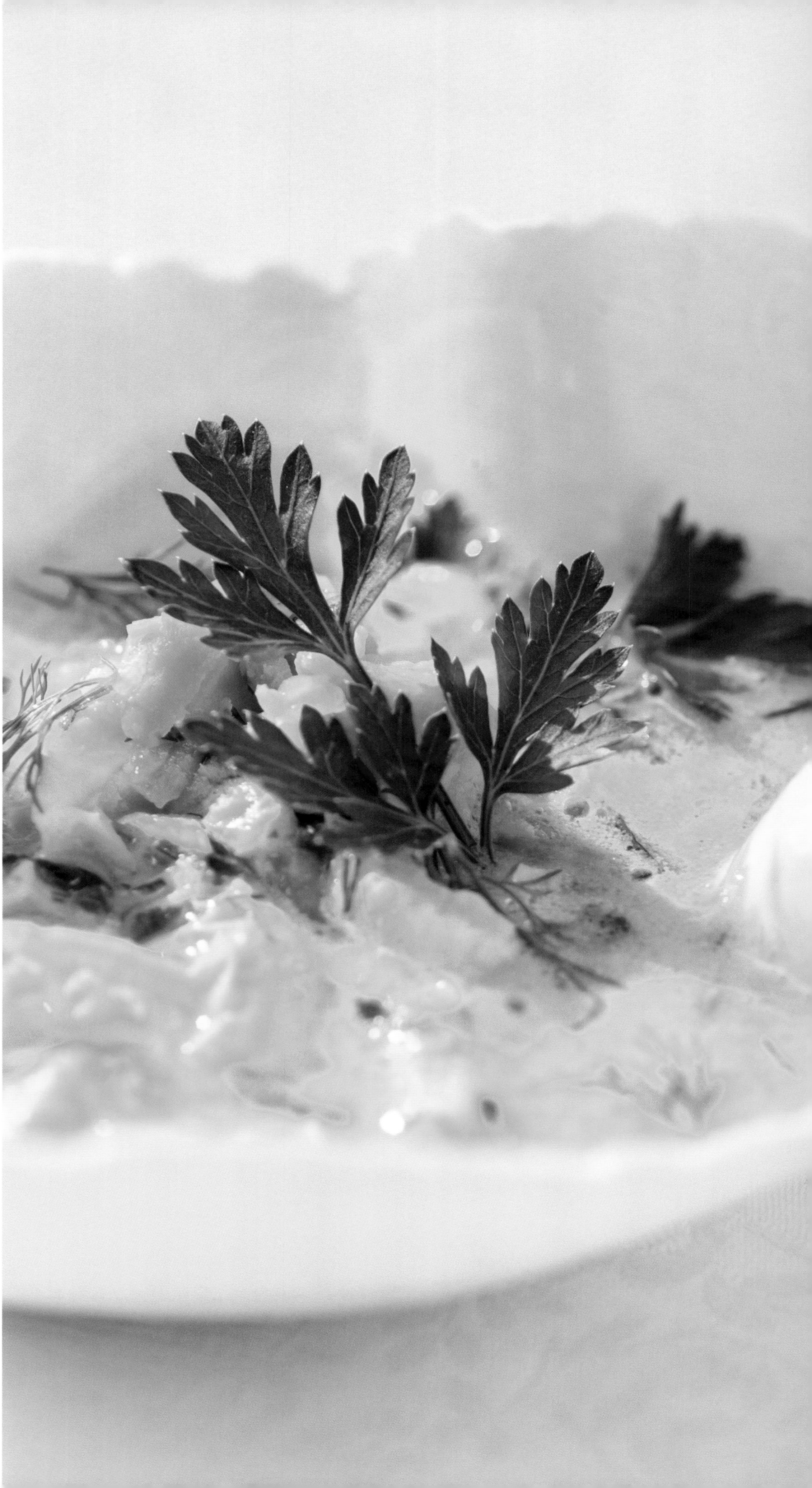

Kuttelsuppe
Ciorbă de burtă

Zutaten

½ kg gut gewaschene Kutteln

½ kg Suppengemüse

3 l kaltes Wasser

3 – 4 Knoblauchzehen

1 Zitrone

frische Petersilie

frischer Dill

frischer Liebstöckel

Eierstich

1 Eigelb

150 g Sauerrahm

1 EL kaltes Wasser

Zubereitung

Kutteln unter fließendem Wasser gründlich abspülen, in 3 – 4 cm lange Stücke schneiden und mit 3 Liter gesalzenem Wasser in einen Topf geben. Das Wasser zum Sieden bringen. Das grob geschnittene Gemüse hinzufügen und drei bis vier Stunden bei mittlerer Hitze köcheln lassen. Den sich bildenden Schaum immer wieder abschöpfen.

Die gegarten Kutteln mit einem Schaumlöffel aus der Brühe nehmen. Anschließend die Brühe durch ein Sieb passieren und hinzufügen. Mit Zitronensaft je nach Geschmack säuern und mit fein gehackter Petersilie, Dill und Liebstöckel sowie den gepressten Knoblauchzehen abschmecken.

Eigelb mit einem Esslöffel kaltem Wasser und Sauerrahm verrühren. Mit etwas Salz gewürzt in die fertige Suppe rühren. Abschließend mit Petersilie garniert heiß servieren.

Tipp: Kutteln können Sie in den meisten Metzgereien bereits gekocht und geschnitten kaufen. Das spart Ihnen zusätzliche Arbeit.

Kümmelsuppe
Ciorbă de chimen

Zutaten

1 l Hühnerbouillon

2 EL Öl

20 g Mehl

1 EL Kümmel

3 – 4 Scheiben Weißbrot

1 kleine Zwiebel

1 TL Paprikapulver

Salz

Pfeffer

Zubereitung

Zwiebel zunächst in kleine Würfel schneiden. Öl erhitzen und die Zwiebel darin glasig andünsten. Anschließend Mehl, Paprikapulver und den Kümmel hinzugeben. Kurz andünsten und mit der Hühnerbouillon ablöschen. Das Ganze nochmals kurz aufkochen.

Während die Suppe kocht, Brot in Würfel schneiden und hellbraun in einer Pfanne anrösten. Mit Salz und Pfeffer abschmecken. Die Suppe mit den separat angerichteten Brotwürfeln heiß servieren.

Tipp: Sie können für die Suppe auch einen ½ Liter Milch und einen ½ Liter Wasser verwenden.

Weiße Bohnensuppe
Ciorbă de fasole boabe

Zutaten

*250 g getrocknete weiße
Bohnen*

500 g Bauchspeck

2 l Wasser

3 EL Öl

20 g Mehl

1 Zwiebel

frischer Liebstöckel

frischer Estragon

¼ l Brottrunk

Paprikapulver

Sauerrahm

1 Prise Salz

Zubereitung

Weiße Bohnen über Nacht in kaltem Wasser quellen lassen und am nächsten Tag gründlich waschen. Die Zwiebel würfeln und zusammen mit dem Bauchspeck sowie den vorbereiteteten Bohnen in 2 Liter kaltem Wasser zum Sieden bringen.

Nach 2 – 2½ Stunden den Brottrunk hinzufügen. Zum Andicken der Suppe das Mehl in dem Öl mit einer Messerspitze Paprikapulver anschwitzen und zur heißen Suppe zum Binden hinzufügen.

Danach den fein gehackten Liebstöckel und den Estragon beimischen, alles noch ein zweites Mal aufkochen und abschließend mit Salz abschmecken. Die Suppe heiß servieren und den Sauerrahm in einem separatem Schälchen zur Suppe reichen.

Tipp: *Dünn geschnittene Ringe einer roten oder weißen Zwiebel dazu reichen und mit frischem Weißbrot servieren.*

Salatsuppe
Ciorbă de salăte verde

Zutaten

1 grüner Kopfsalat

2 l Wasser

1 Scheibe dünner Speck

2 EL Mehl

½ Tasse Milch

2 Knoblauchzehen

1 Becher Sauerrahm oder Schmand

4 Eier

frischer Dill

frische Petersilie

Salz

Pfeffer

Zubereitung

2 Liter Wasser mit etwas Salz zum Sieden bringen. Dann den Kopfsalat waschen, Strunk sowie Rippenansätze entfernen, in mundgerechte Streifen schneiden/zupfen und dem siedenden Wasser beigeben. Zum Andicken der Brühe das Mehl mit der Milch verrühren, der Suppe hinzufügen und noch ca. 10 Minuten kochen lassen.

In der Zwischenzeit den Speck in kleine Würfel schneiden und anbraten. Die Eier verquirlen, über den Speck gießen und ein Omelett braten.

Das Omelett in Würfel schneiden und mit dem gepressten Knoblauch sowie den klein gehackten Kräutern in die siedende Suppe geben. Die Suppe mit einem Klecks Sauerrahm oder Schmand servieren.

Tipp: Sie können die Suppe auch aufschäumen. Dazu sollten Sie die Salatblätter aus der Suppe nehmen und nach dem Aufschäumen wieder hinzufügen.

Grüne Bohnensuppe
Ciorbă de fasole verde ardeleneasca

Zutaten

*½ kg geräucherten Bauch-
speck am Knochen*

2 l Wasser

1 Zwiebel

½ kg frische grüne Bohnen

½ kg Tomaten

1 TL Mehl

Wasser

150 g Sauerrahm

frische Petersilie

2 Blatt Selleriegrün

Zubereitung

Den Bauchspeck am Stück ca. 1½ Stunden in 2 Liter Wasser kochen. Zwischenzeitlich die Bohnen putzen – Zwiebel, Selleriegrün sowie enthäutete Tomaten in feine Würfel schneiden und der Brühe hinzufügen. Weitere 25 Minuten kochen.

Das Mehl mit 2 Esslöffel Wasser verrühren. Die Mehlschwitze zum Andicken der Suppe zugeben und alles noch ein- bis zweimal aufkochen.

Den Sauerrahm mit 2 Esslöffel Wasser verrühren und in die Suppe einrühren. Abschließend mit Salz und Pfeffer abschmecken und mit Petersilie bestreut servieren.

*Tipp: Als Einlage paßt ein kleines, in Butter
angebräuntes Stück Polenta mit Käse.*

Lammsuppe
Ciorbăde miel

Zutaten

500 g Lammknochen

2 l Wasser

1 Karotte

1 Petersilienwurzel

1 Zwiebel

1 EL Reis

1 Eigelb

150 g Sauerrahm

¼ l Brottrunk

1 EL Wasser

Estragon

Salz

Zubereitung

Den gründlich gewaschenen Lammknochen mit 2 Liter Wasser zum Sieden bringen. Der Schaum der sich dabei bildet, mit einem Löffel abschöpfen. So lange kochen lassen, bis sich kein Schaum mehr bildet.

Karotte, Petersilienwurzel und Zwiebel putzen und in Würfel schneiden. Das klein geschnittene Gemüse zusammen mit dem Reis hinzufügen und nochmals auf kleiner Flamme kochen, bis der Reis weich ist.

Wenn das Fleisch und der Reis gar sind, den Brottrunk zugeben und den Topf vom Herd nehmen. Den Sauerrahm mit dem Eigelb sowie einem Esslöffel Wasser verrühren und zum Eindicken in die Suppe geben. Abschließend mit Salz und Estragon abschmecken.

Tipp: Da die Suppe sehr gehaltvoll ist, eignet sie sich auch sehr gut als Hauptspeise.

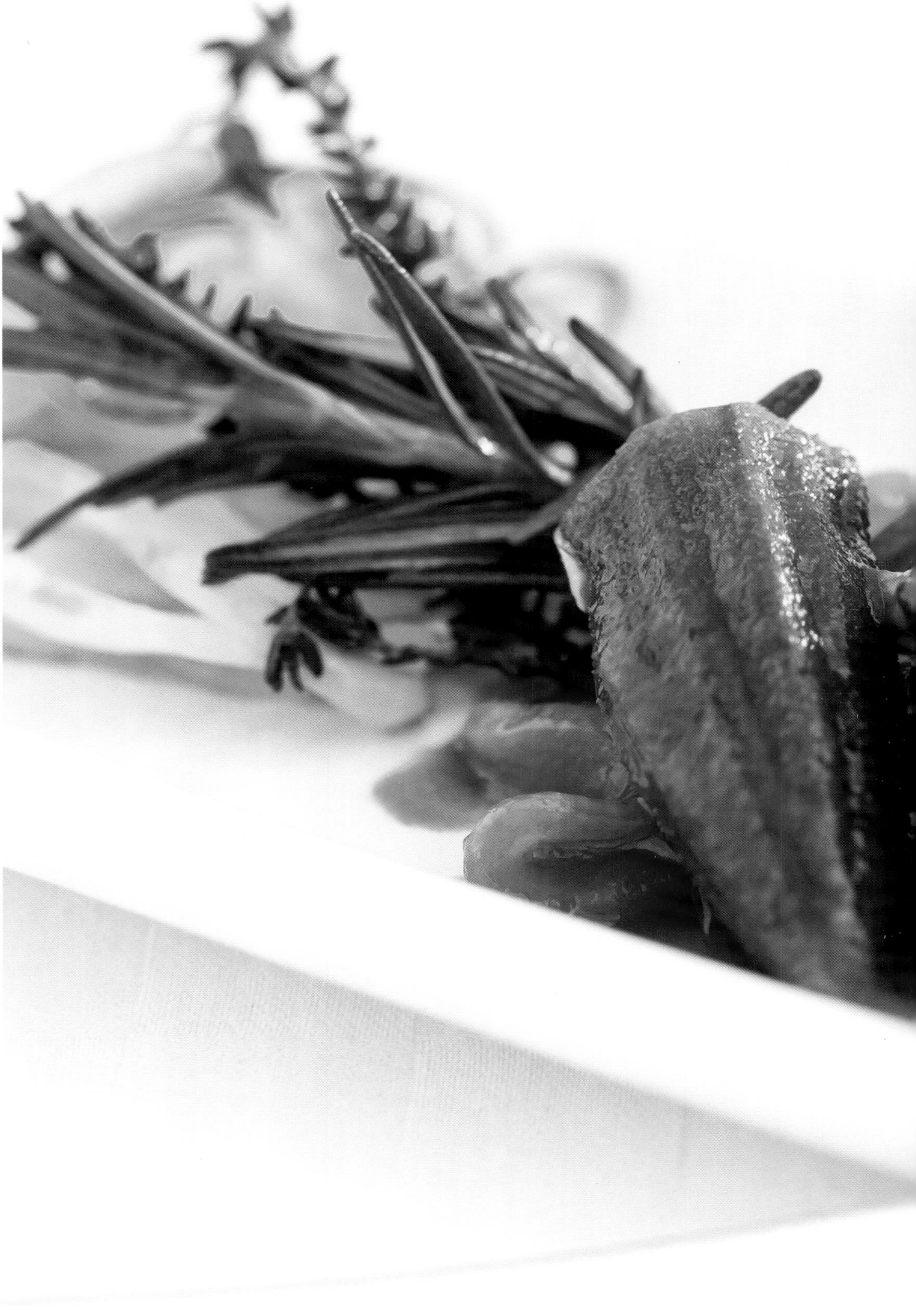

HAUPTSPEISEN
GEMÜSE

Okragemüse
Mîncare de bame

Zutaten

½ kg junge Okraschoten

1 l Wasser

3 EL Essig

1 TL Salz

1 mittelgroße Zwiebel

5 EL Tomatenmark

3 EL Weißwein

frischer Dill

frische Petersilie

1 Prise Salz

1 Prise Pfeffer

Zubereitung

1 Liter Wasser mit 3 Esslöffel Essig zum Sieden bringen. Die Okraschoten darin 5 Minuten blanchieren, den Topf vom Herd nehmen und das Gemüse 15 Minuten in dem Sud ziehen lassen. Danach die Schoten mehrmals mit kaltem Wasser spülen und abtropfen lassen.

In der Zwischenzeit, Zwiebel in dünne Ringe schneiden und 2 Minuten in 5 Esslöffel Öl, in einer ofenfesten Pfanne andünsten. Das Okragemüse dazugeben und 2 – 3 Minuten anbraten.

Den Backofen auf 180 °C vorheizen. Den Dill und die Petersilie fein hacken und zusammen mit dem Tomatenmark, dem Wein und dem Gemüse hinzufügen. Alles auf mittlerer Schiene weitere 20 Minuten bei 180 °C garen.

Tipp: Das Okragemüse wird warm als Beilage zu Braten serviert.

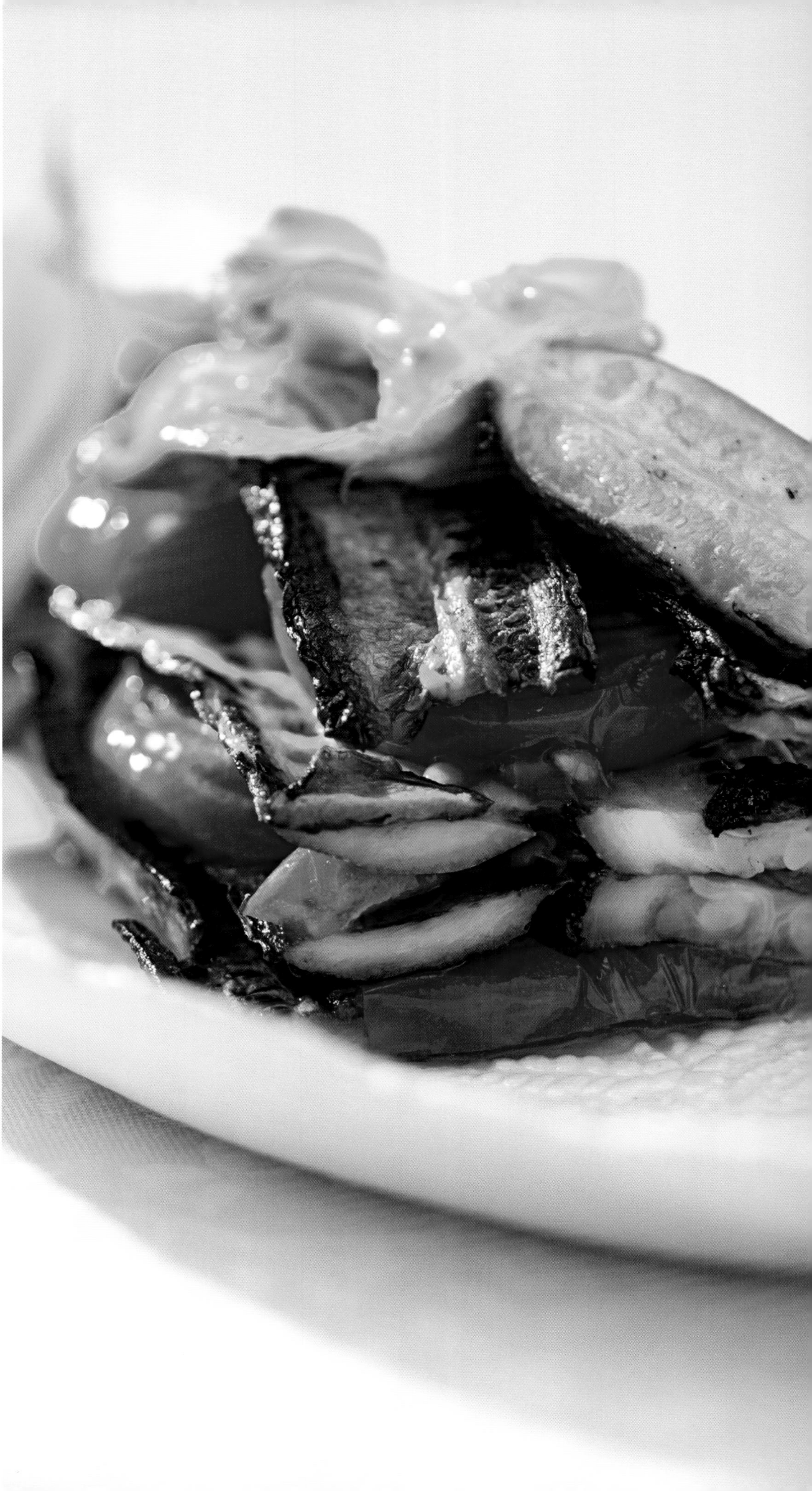

Gebackene Zucchini
Dovlecei copți

Zutaten

10 – 12 kleine Zucchini mit Blüte

6 TL Öl

2–3 Knoblauchzehen

3 Tomaten

frischer Dill

frische Petersilie

Salz

Pfeffer

Zubereitung

Die Zucchini samt Schale halbieren, mit Salz und Pfeffer würzen. Alles zugedeckt mit Öl in einer ofenfesten Pfanne dünsten, bis es weich ist.

Die Knoblauchzehen klein schneiden und hinzugeben. Mit den enthäuteten sowie in Scheiben geschittenen Tomaten zudecken.

Den Backofen auf 200 °C vorheizen. Die Zucchini 15 Minuten auf mittlerer Schine garen und abschließend nochmals mit Salz und Pfeffer abschmecken. Mit den klein gehackten Kräutern garnieren und warm servieren.

Tipp: *Sie können die Zucchini auch in dünne Scheiben schneiden und dann wie bei einer Lasagne, abwechselnd mit den Tomatenscheiben zu einem Turm schichten.*

Polenta mit Käse
Mămăligă cu brînza

Zutaten

150 g Maismehl

800 ml Wasser

1 TL Salz

60 – 80 g Butter

200 g Käse (fester Schnittkäse)

Sauerrahm

Zubereitung

Wasser mit Salz zum Sieden bringen. Maisgrieß nach und nach unter permanentem Rühren zufügen. Darauf achten, dass sich keine Klumpen bilden. Wärmezufuhr ausschalten und 30 Minuten zugedeckt quellen lassen.

Den Backofen auf 200 °C vorheizen. Einen ofenfesten Topf oder eine hohe Auflaufform mit Butter einfetten und abwechselnd je mit einer Schicht Maisbrei, Käse und ein paar Butterstücken auslegen.

Die Maisbrei-Käsemischung im vorgeheizten Backofen nochmals bei 200 °C auf mittlerer Schiene ca. 10 Minuten backen. Mit Sauerrahm und einem Glas kalter Buttermilch oder Kefir servieren.

Tipp: Wenn Sie es aromatischer mögen, können Sie anstatt dem Wasser auch Gemüsebrühe verwenden.

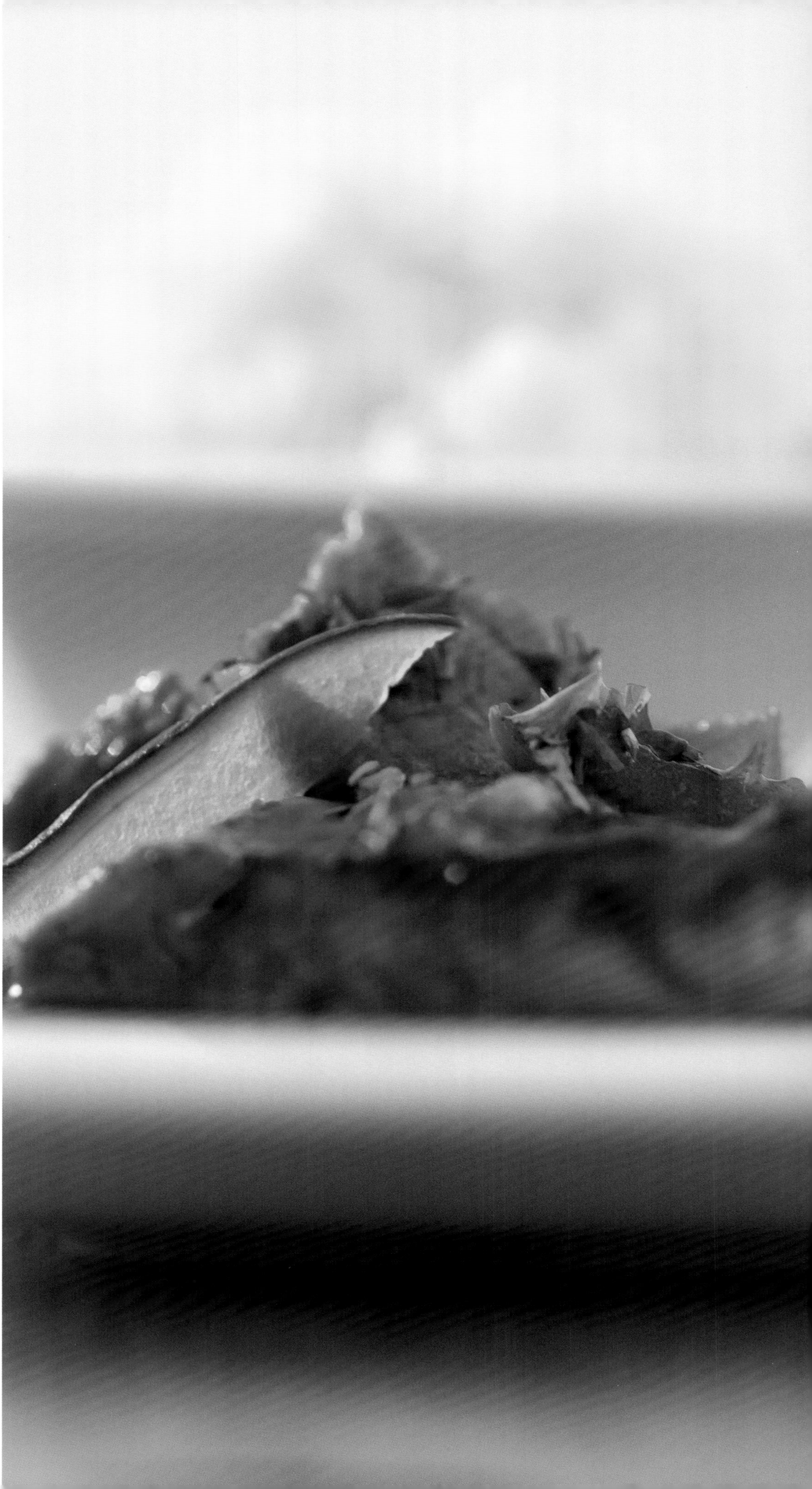

Salz-Dill-Gurken-Essen
Mîncare de castraveți acri cu carne de porc

Zutaten

300 g Schweinegulasch

1 mittelgroße Zwiebel

3–4 Salz-Dill-Gurken

4–5 EL Öl

etwas Wasser

Paprikapulver

1 EL Mehl

1 EL Tomatenmark

1 EL weißwein

1 Loorbeerblatt

frische Petersilie

frischer Dill

Salz

Pfeffer

Zubereitung

Zwiebel würfeln, mit einer Messerspitze Paprikapulver und Öl in einer ofenfesten Pfanne andünsten. Schweinegulasch zugeben und anbraten, bis die Poren geschlossen sind. Die Salz-Dill-Gurken in kleine Streifen schneiden, zusammen mit etwas Wasser zum Fleisch geben und 30–40 Minuten kochen lassen.

Den Ofen auf 200 °C vorheizen. Ist das Fleisch gar, Mehl in einer Schüssel mit Wein, Tomatenmark, fein gehackter Petersilie und Dill sowie dem Lorbeerblatt klumpenfrei verrühren und zum Andicken des Fonds, zu dem Fleisch geben. Alles im vorgeheizten Ofen bei 200 °C auf mittlerer Schiene 10 Minuten garen lassen.

Tipp: *Als Beilage eignen sich Kartoffelpüree, Reis oder Nudeln.*

HAUPTSPEISEN
FLEISCH

Teigtaschen mit Fleischfüllung
Coltunasi cu carne

Zutaten

Die Füllung

200 g Schweinehackfleisch

1 kleine Zwiebel

2 EL Öl

1 Ei

Salz

Pfeffer

Der Teig

1 Ei

100 g Mehl

50 g Grieß

2 EL Öl

2 EL Wasser

Die Soße

3 EL Öl

1 TL Mehl

1 TL gewürfelte Zwiebel

3 EL Tomatenmark

Dill

Petersilie

Zubereitung

Füllung: Zwiebel würfeln. Dill und Petersilie fein hacken. Hackfleisch mit Zwiebel, Salz und einer Messerspitze Pfeffer ca. 30 Minuten andünsten, bis die ausgetretene Flüssigkeit verdunstet ist. Die Masse vom Herd nehmen und erkalten lassen. Nun Ei, Sauerrahm, Petersilie und Dill hinzugeben und gut vermengen.

Teig: Ei in einer Schüssel mit 2 Esslöffel Öl und Wasser schaumig schlagen. Mehl und Grieß hinzugeben, alles 5 Minuten gründlich kneten, bis eine homogene Masse entstanden ist. Den fertigen Teig 15 Mintuen ruhen lassen. Dann dünn ausrollen und in ca. 8x12 cm große Vierecke auteilen. Die Hackfleischmasse mittig auf die Teigstücke verteilen, diese dann hälftig zu dreieckigen Taschen zusammenfalten. Die Teigränder mit einer Gabel fest zusammen drücken, damit die Fleischmasse beim Kochen nicht austritt.

In der Zwischenzeit einen 4-Liter Topf bis zur Hälfte mit Wasser füllen und mit einem Teelöffel Salz zum Kochen bringen. Die Teigtaschen in das siedende Salzwasser einlegen und darauf achten, dass sie nicht aneinander kleben. 20 Minuten auf kleiner Flamme kochen, dann vom Ofen nehmen und weitere 15 Minuten im Wasser ziehen lassen. Die fertigen Teigtaschen mit einem Schaumlöffel aus dem Wasser nehmen, mit Butterflocken bedecken und in einem geschlossenen Gefäß warm stellen.

Soße: Kleingeschnittene Zwiebel ca. 2 Minuten in Öl andünsten. Mehl mit Tomatenmark verrühren und beides zu den Zwiebeln gegeben und miteinander verrühren. Dann mit Dill, Pfeffer und Salz abschmecken.

Tipp: Sie können die Teigtaschen auch in Butter anbraten und mit grünem Salat servieren!

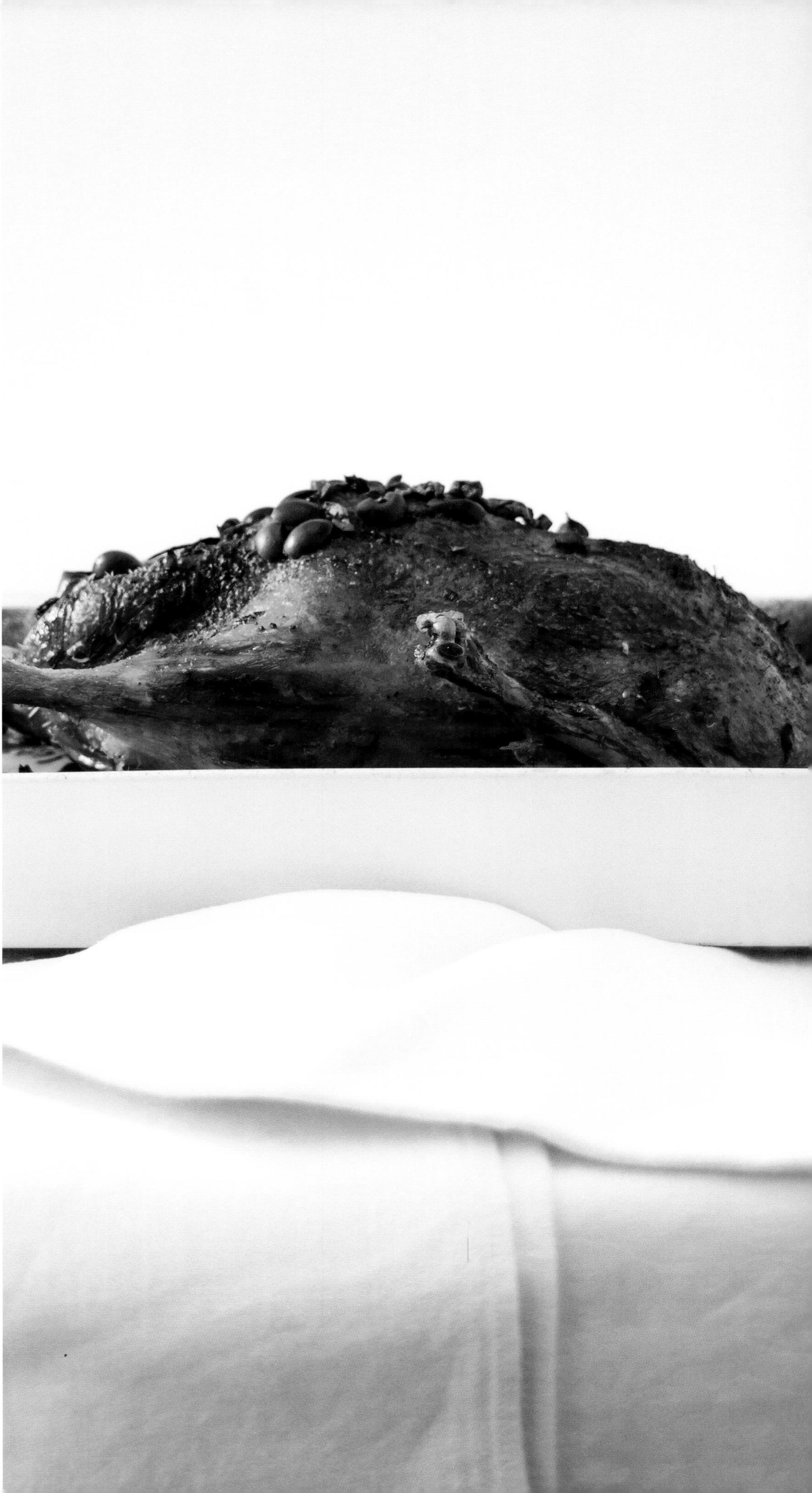

Ente mit Oliven
Rață cu măsline

Zutaten

1 Ente ca. 1,5 – 1,8 kg

2 große Zwiebel

3 – 4 EL Tomatenmark

5 EL Weißwein

150 g schwarze Oliven (natur gereift)

1 Lorbeerblatt

8 EL Öl

1 TL Mehl

½ TL Senf

3 Scheiben Zitrone ohne Schale

Salz

Pfeffer

Zubereitung

Die Ente waschen, mit Salz sowie Pfeffer würzen und zugedeckt bei schwacher Hitze ungefähr eine Stunde im Backofen garen, bis die Poren geschlossen sind. Hin und wieder etwas Wasser zugeben.

Oliven, eine Messerspitze Pfeffer, Lorbeerblatt, Wein, Zitronenscheiben und Senf hinzufügen. Alles ca. 45 Minuten bei 150 °C köcheln lassen.

Die Ente aus dem Ofen nehmen und in den Bratsud Tomatenmark sowie Mehl einrühren und mit Salz abschmecken. Wenn nötig, noch etwas Wein oder Wasser hinzugeben, so dass die Soße, die wieder zugegebene Ente bedeckt.

Tipp: *Eine Ente mit einem Gewicht von 900 – 1.200 g reicht für 2 – 3 Personen.*

Entenbrust mit Weißkohl
Piept de rață cu varză albă

Zutaten

2 mittelgroße Bruststücke von der Ente (ca. 600 g)

1 Zwiebel

4–5 EL Öl

1 mittelgroßen Weißkohl

1 Paprika

3 Tomaten

1–2 TL Bohnenkraut

1–2 TL getrockeneten Dill

1 Lorbeerblatt

Salz

15–20 Pfefferkörner

Zubereitung

Zwiebel fein hacken und ca. 2 Minuten in Öl andünsten. Die gepfefferte und gesalzene Entenbrust zugeben und auf beiden Seiten scharf anbraten. Wasser zufügen und im vorgeheizten Backofen 20 Minuten bei 200 °C garen.

Inzwischen den Weißkohl grob hobeln, die Tomaten häuten und in Scheiben schneiden. Ganze Paprika, Bohnenkraut, Dill, Lorbeerblatt sowie Pfefferkörner weitere 40 Minuten zugedeckt bei mittlerer Hitze kochen.

Abschließend mit Salz und Pfeffer abschmecken und die Kräuter (Bohnenkraut, Dill, Lorbeerblatt) entfernen. Zum Servieren die Entenbrust in Scheiben schneiden und auf dem geschmorten Gemüse anrichten.

Tipp: Um ein qualitativ hochwertiges Teilstück auszuwählen, ist auf die Farbe des Fleisches zu achten, die tief rot sein sollte. Beachten Sie, dass das Fleisch der Barbarie-Ente (Fleischente) ein dunkleres und intensiveres Rot aufweist als das der Mulard-Ente (Stopfente).

Stubenkücken mit Erbsen
Pui cu mazăre

Zutaten

1 Stubenküken

½ kg Erbsen

1 mittelgroße Zwiebel

5 EL Öl

½ l Wasser

3 EL Tomatenmark

1 TL Mehl

1 Bund Petersilie

1 Blatt Selleriegrün

1 Bund Dill

Salz

Pfeffer

Zubereitung

Zwiebel klein schneiden und in Öl andünsten. Stübenküken tranchieren, zu den Zwiebeln geben und so lange dünsten, bis die Poren geschlossen sind.

Anschließend mit ½ Liter Wasser ablöschen. Erbsen hinzufügen und weitere 20 Minuten kochen. Mehl in das
Tomatenmark einrühren und zu dem Stübenküken und
den Erbsen hinzugeben. Abschließend mit Salz, Pfeffer
und den gehackten Kräutern abschmecken.

Tipp: *Unter Stubenküken versteht man jung geschlachtete
Hühner, die ein Schlachtkörpergewicht von 350–450 g
auf die Waage bringen.*

Rinderzunge mit Champignons
Limbă de vită cu ciuperci

Zutaten

7–8 Scheiben frischen Rinderzungenfleisch

1 kg frische Pilze nach Saison

1 große Zwiebel

1 Lorbeerblatt

1 EL Tomatenmark

4 EL Weißwein

8 EL Öl

Zitronensaft

3 Zitronenscheiben

frischer Dill

frische Petersilie

Pfeffer

Salz

Zubereitung

Zungenfleisch in kaltes Salzwasser legen und schonend über 1 ½ Stunden hinweg garen. Zwiebel klein schneiden und in Öl andünsten. Gesäuberte und geschnittene Pilze sowie das Lorbeerblatt dazugeben. Mit Salz und Pfeffer abschmecken.

Etwa 20 Minuten bei mittlerer Hitze leicht kochen und wiederholt etwas Zungensud zugießen, bis die Pilze gar sind. Dann Wein, Tomatenmark, Petersilie sowie das bereits gegarte Zungenfleisch hinzugeben. Mit Salz und Zitronensaft abschmecken.

Im vorgeheizten Backofen 10 Minuten bei 200 °C garen. Zum Servieren das Zungenfleisch abkühlen lassen und hauchdünn aufschneiden. Das kalte Zungenfleisch auf einem flachen Teller mit Pilzen und etwas Soße anrichten. Mit frisch gehackter Petersilie und Zitronenscheiben garnieren.

Variation: Mayonnaise mit 100 g Sauerrahm, 4 EL Wein und 1 TL klein geschnittenen Estragon verrühren, mit Salz und Pfeffer abschmecken und auf die Zungenscheiben streichen. Nach Wunsch mit schwarzen Oliven und dünn geschnittenen Tomatenpaprika arrangieren.

Tipp: *Die Zunge (Rind /Schwein) gut waschen und im Ganzen in Rinderbouillon kochen. Dabei darauf achten, dass sie langsam und schonend gegart wird. Die Garzeit beträgt – je nach Alter der Zunge bzw. des Tieres, 1½–3 Stunden. Die Zunge ist gar, wenn man sie mit der Gabel leicht anstechen kann. An der noch warmen Zunge die oberste Hautschicht ablösen und entfernen, dann das Fleisch in schmale, sehr dünne Scheiben schneiden.*

Bratwurst
Mititei

Zutaten

500 g Rindfleisch vom Hals (möglichst fett)

500 g Schweinefleisch (möglichst fett)

5 g gemahlenen Piment

5 g gerebelten Thymian

1 TL Natron

200 ml Wasser

5 Knoblauchzehen

1 Prise Salz

1 Prise Pfeffer

Zubereitung

Die im Mörser oder in der Knoblauchpresse zerdrückten Knoblauchzehen in 200 ml kaltem Wasser ziehen lassen. Nach ca. einer Stunde abseihen.

Inzwischen das Fleisch zerkleinern und durch den Fleischwolf drehen – am besten zweimal. Falls Sie keinen Fleischwolf zur Hand haben, können Sie das benötigte Fleischbrät auch beim Metzger vorbestellen.

Fleischbrät mit Salz, Pfeffer, Piment, Thymian, Natron und dem Knoblauchwasser gut vermischen und solange mit der Hand kneten, bis eine feste Masse entstanden ist.

Das Brät bis zu 10 Stunden abgedeckt kalt stellen. Dann kleine Würstchen formen und in der Pfanne braten oder auf den Grill legen. Mit scharfem Senf und Kartoffelsalat servieren.

Tipp: *Mititei schmecken besonders aromatisch, wenn man sie auf einem geölten Rost grillt!*

Krautwickel
Sarmale

Zutaten

½ kg gemischtes
Hackfleisch

300 g Speck am Stück

2 Stück Bauchfleisch

1 weiße Zwiebel

2 EL Reis

1 eingelegter Krautkopf

1 Zweig getrockneter Dill

1 Zweig getrocknets
Bohnenkraut

1 EL schwarze Pfefferkörner

2 EL Öl

Salz

Zubereitung

Sauerkrautkopfstrunk mit einem sauberen, runden Schnitt aus dem Krautkopf entfernen, so dass die Blätter unbeschädigt abgelöst werden können. Die harten Blattadern aus der Blattmitte heraustrennen. Zwiebel fein würfeln und in Öl andünsten. Dann sorgfältig mit der gewünschten Menge Salz, Reis und Hackfleisch vermengen. Fleischmasse zu etwa faustgroßen Bällen formen. Passende Kohlblätter zum Umwickeln der Fleischbälle heraussuchen. Zu große Blätter halbieren. Das Fleisch sorgfältig einwickeln, eventuell mit Kochgarn verschnüren.

Das übrig gebliebene Sauerkraut klein schneiden und etwa zwei Drittel davon auf dem Topfboden verteilen. Das Speckstück mehrmals der Breite nach ca. 1 cm tief einschneiden und auf den Kohl in die Topfmitte legen und die Krautwickel hinein legen. Mit einer dünnen Schicht des übrigen Krauts bedecken. Pfefferkörner darüber streuen und Dill- sowie Bohnenkrautzweig oben auf legen.

Den Topf halb mit heißem Wasser füllen und die Krautwickel zwei Stunden bei mittlerer Hitze kochen. Serviert werden die fertigen Krautwickel mit Bratkartoffeln und einem großen Klecks Sauerrahm.

*Tipp: Traditionell wird in Rumänien
Polenta anstatt Bratkartoffeln serviert.*

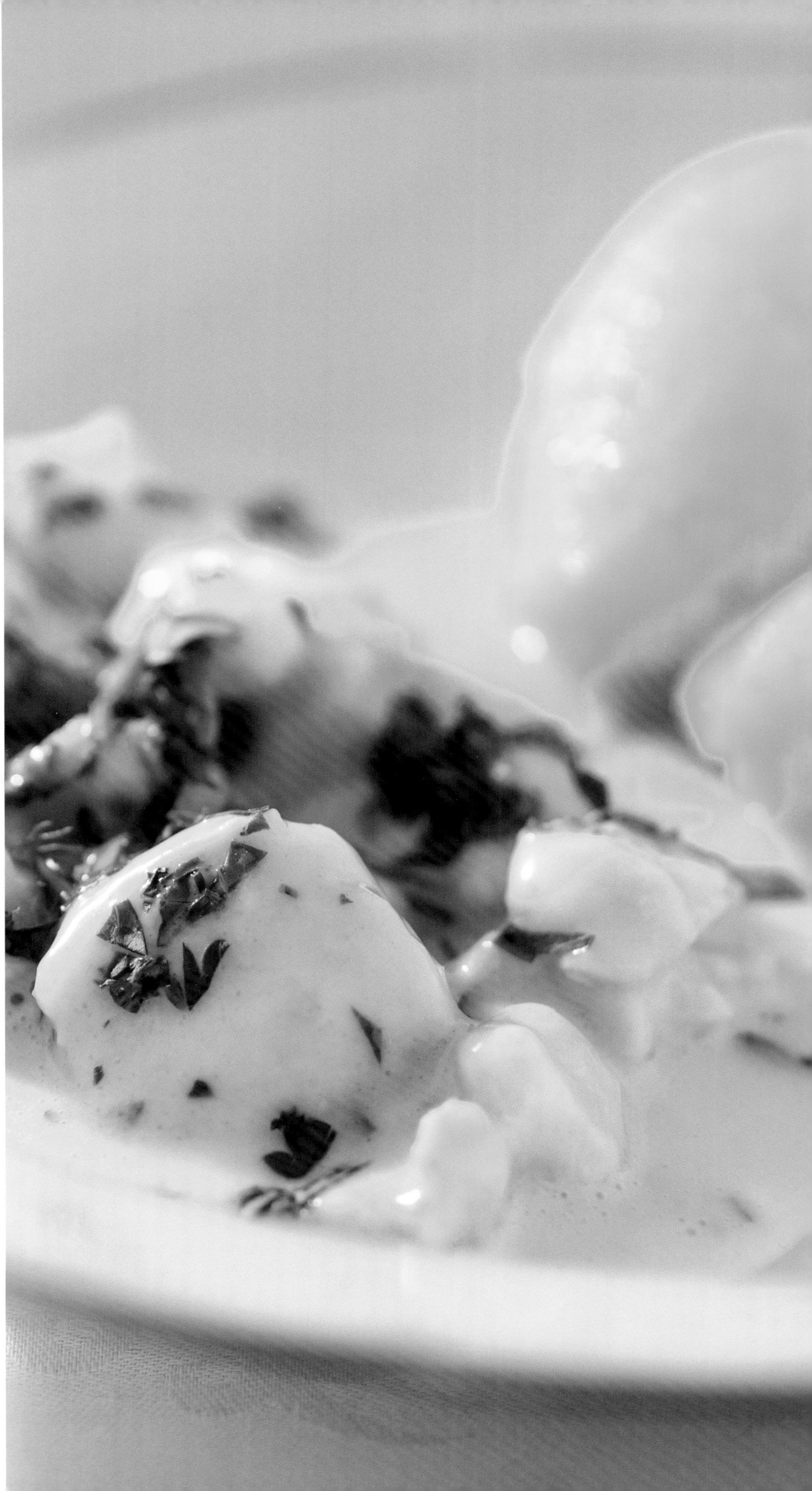

Hühnerfrikasse mit Polenta
Ciulama de pui cu mămăligă

Zutaten

ca. 300 g gekochtes
Hühnchenfleisch

1 EL Mehl

1 EL Butter

½ l Hühnerbrühe

100 g Sauerrahm

1 EL Wasser

frische Petersilie

Beilage

75 g Maisgries

400 ml Wasser

Salz

Zubereitung

Gekochtes Hühnchenfleisch zerkleinern und Petersilie fein hacken. Für die Soßenbasis das Mehl in einem mittelgroßen Topf in Butter anschwitzen und kräftig umrühren. Dann mit der Brühe ablöschen und den Topf vom Herd nehmen. Einen Esslöffel Wasser in den Sauerrahm einrühren und in die Soße geben. Abschließend Petersilie und Fleisch untermengen.

Für die Polenta, Wasser mit Salz nach Geschmack in einem Topf zum Sieden bringen. Dann den Maisgrieß langsam und unter stetem Rühren zugeben. Anschließend einen Deckel auf den Topf setzen, die Wärmezufuhr abstellen und den Maisgrieß 30 Minuten quellen lassen.

Tipp: Statt Hühnchenfleisch können
Sie auch Rindfleisch verwenden.

Hühnchenpaprika mit Klößen

Tocană de găină cu găluşte

Zutaten

1 Hühnchen (ca. 300 – 400 g)

2 große Zwiebeln

5 EL Öl

1 EL Paprikapulver

Wasser

Salz

Pfeffer

frische Petersilie

Beilage

2 l Wasser

1 Ei

100 g Mehl

50 g Butter

Zubereitung

Hühnchen tranchieren, salzen und pfeffern. Dann die klein gewürfelten Zwiebeln in Öl andünsten. Paprikapulver zugeben und die Hühnchenstücke scharf anbraten, bis sich die Poren schließen. Nun mit Wasser ablöschen, bis die Hühnchenstücke bedeckt sind. Je nach Geschmack Salz zufügen und eine halbe Stunde kochen. Die fertigen Hühnchenstücke aus dem Bratfond nehmen und zur Seite stellen.

Inzwischen 1–2 Teelöffel Mehl mit etwas Wasser verquirlen. Den Bratfond mit dem Mehl-Wasser-Gemisch unter permanentem Rühren eindicken lassen. Dann das Hühnchenfleisch und die Petersilie zugeben und für ca. 10 Minuten in den Ofen stellen.

Für den Kloßteig Mehl, Ei und Butter verrühren, bis eine homogene Masse entsteht. Mit einem Teelöffel den Teig portionsweise abstechen und in einem Topf mit siedendem Salzwasser einlegen. Die Garzeit beträgt im zugedeckten Topf ca. 10 Minuten. Die Klöße sind gar, wenn sie obenauf schwimmen. Die fertigen Klöße mit einem Schaumlöffel aus dem Topf nehmen und in die Soße geben.

Tipp: *Als Beilage passen ebenso sehr gut Kartoffelpüree, gekochte Kastanien oder Polenta.*

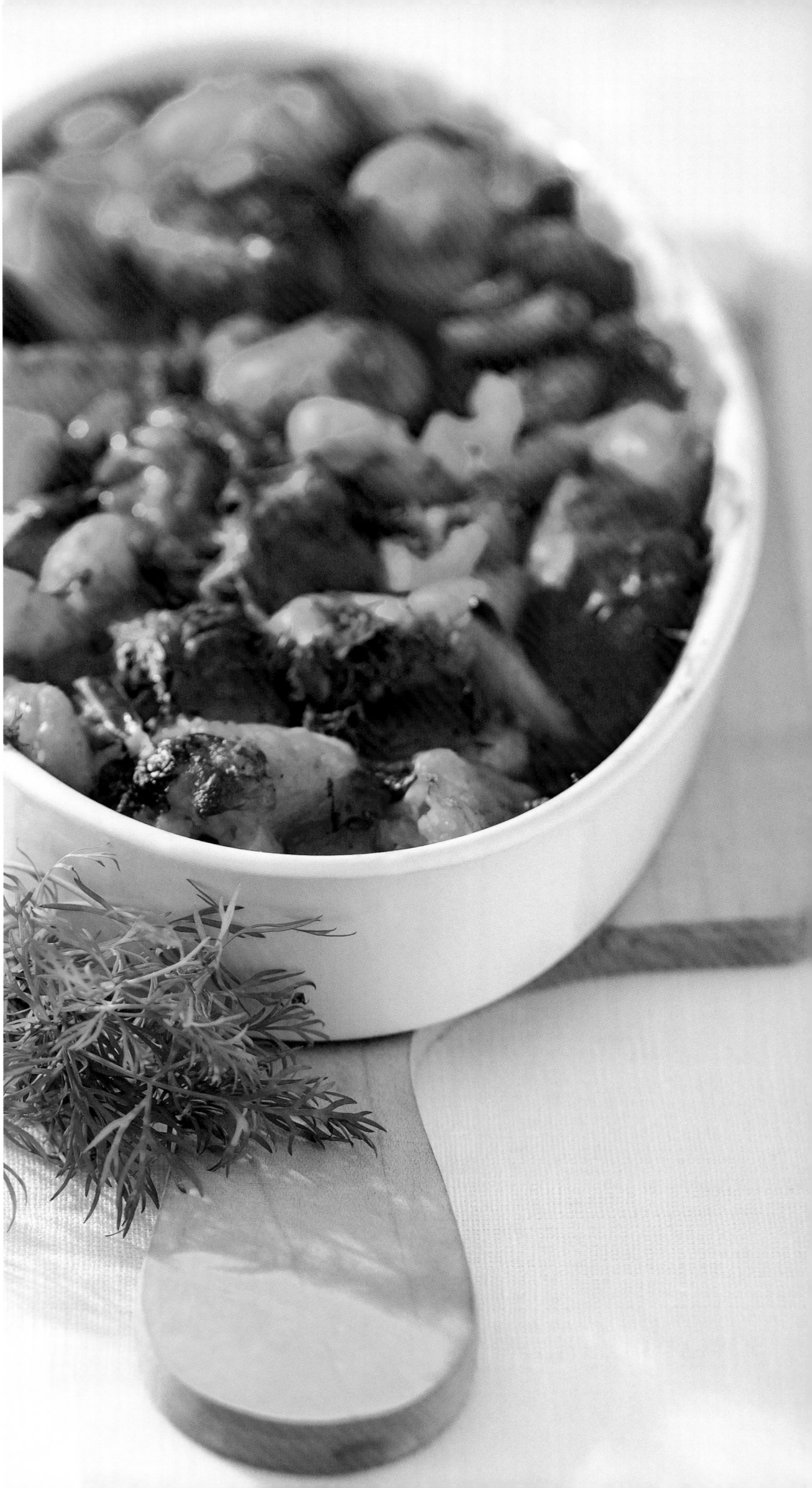

Schweinegulasch mit weißen Bohnen
Mîncare de fasole boabe

Zutaten

250 g weiße Bohnen

½ kg Schweinegulasch

5–6 EL Öl

1 Zwiebel

Paprikapulver

½ Tasse Wasser

1 Paprika

2–3 Tomaten

1 Lorbeerblatt

2 EL Weißwein

frischer Dill

frischen Estragon

Petersilie

Pfeffer

Salz

Zubereitung

Bohnen vorab über Nacht in ausreichend Wasser einweichen. Danach gut waschen, zusammen mit frischem, kaltem Wasser erhitzen und innerhalb von 2–2½ Stunden gar kochen. Dabei darauf achten, dass das Wasser stes die Bohnen bedeckt.

Zwiebel klein schneiden und etwa 2 Minuten in Öl andünsten. Paprikapulver und die Fleischstücke hinzugeben und anbraten, bis die Poren geschlossen sind. Mit einer ½ Tasse Wasser ablöschen und 30–40 Minuten ebenfalls gar kochen. Die fertigen Bohnen abgießen, zu dem Fleisch geben und beides gut vermengen.

Den Backofen auf 200 °C vorheizen. Paprika und Tomaten in mundgerechte Stücke schneiden – zusammen mit den Gewürzen und dem Wein zu dem Fleisch und den Bohnen geben. Auf mittlerer Schiene 15 Minuten backen. Abschließend mit Salz und Pfeffer abschmecken und mit Petersilie garniert servieren.

Tipp: *Dazu Polenta oder Salzkartoffeln servieren.*

Schnitzel mit Zwiebeln
Snițele cu ceapă

Zutaten

1 Schweinefilet (300 g)

2 rote Zwiebeln

Paprikapulver

etwas Mehl

1 Lorbeerblatt

5 EL Öl

etwas Wasser

Salz

Pfeffer

Zubereitung

Schweinefilet in Scheiben schneiden und dünn klopfen. Mit Salz und Pfeffer einreiben. Auf einer Seite mit Mehl bestäuben. Zwiebel sowohl in kleine Würfel als auch in Ringe schneiden und in Öl glasig andünsten. Gedünstete Zwiebelringe auf einen separaten Teller zur Seite stellen.

Nun das Paprikapulver zufügen und Schnitzelstücke mit der Mehlseite nach unten in die Pfanne legen. Auf jeder Seite 2–3 Minuten goldbraun anbraten. Lorbeerblatt hinzugeben, mit etwas Wasser ablöschen und ca. 10 Minuten bei mittlerer Hitze leicht köcheln lassen. Beim Anrichten die Zwiebelringe auf das Schnitzel legen und mit Soße übergießen.

Tipp: *Als Beilage eignen sich Kartoffelpüree und frische Salate.*

HAUPTSPEISEN
FISCH

Gefüllter Karpfen
Crap umplut

Zutaten

1 Karpfen (ca. 1 kg)

30 g Speck

80 g Baguette

1 EL Öl

3 EL Weißwein

5 EL Wasser

Wasser

2 Eier

2 Knoblauchzehen

frischer Dill

frische Petersilie

1 Lorbeerblatt

1 Zweig Bohnenkraut

Zitronenscheiben

Oliven

Salz

Pfeffer

Zubereitung

Den Fisch unter laufendem kalten Wasser säubern. Mit einem scharfen Messer vom Bauch her, die Haut lösen und in einem Stück über den Kopf ziehen. Die Karpfenhülle zur Seite legen. Nun noch die Flossen und den Schwanz mit einer Schere abschneiden.

Fleisch auslösen und Gräten entfernen. Zwiebel und Speck würfeln - Baguette in Scheiben schneiden und in Wasser einweichen. Brot leicht ausdrücken und zusammen mit dem Karpfenfleisch, Zwiebeln, Speck und Knoblauch durch den Fleischwolf drehen oder im Mixer pürieren. Dill und die Petersilie fein hacken. Zusammen mit Eiern, Salz und einer Messerspitze Pfeffer unter die Fischfarce geben und kräftig vermengen.

Den Backofen auf 150 °C vorheizen. In der Zwischenzeit die Haut des Karpfens mit der Masse füllen und den Bauch mit Küchengarn zunähen. Die gefüllte Fischhülle in eine gebutterte Form setzen, 5 Esslöffel Wasser, Lorbeerblatt, 1 Zweig Bohnenkraut und Wein hinzugeben. Auf mittlerer Schiene bei 200 °C etwas 40–50 Minuten garen. Von Zeit zu Zeit mit Fischfond übergießen.

Der gefüllte Karpfen wird kalt serviert. Dazu den Fisch in Scheiben schneiden und mit Zitronenscheiben sowie Oliven garnieren.

Tipp: *Als Beilage eignen sich Reis oder Polenta und grüner Salat.*

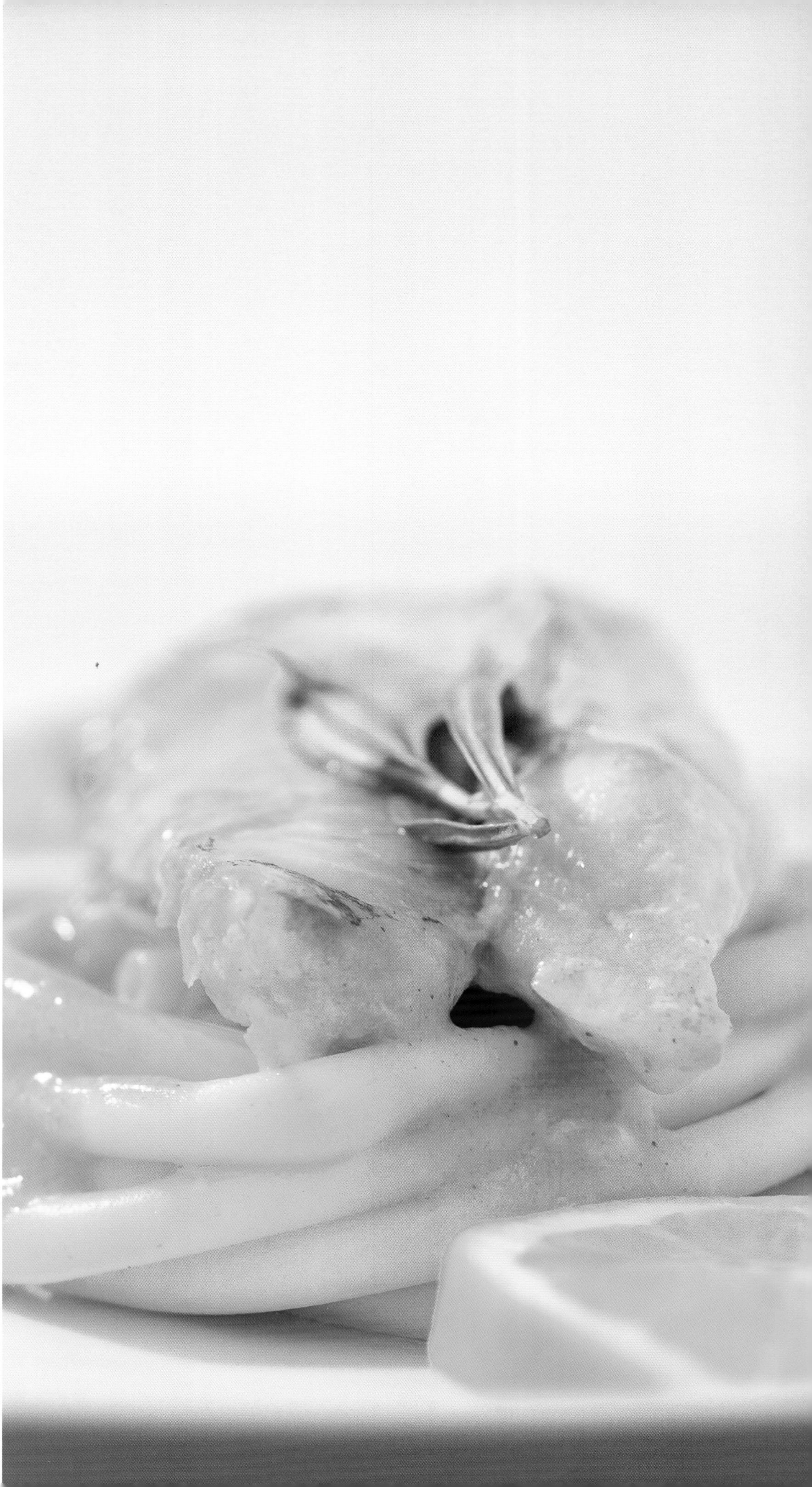

Barsch in Weißweinsoße
Peşte cu sos de vin

Zutaten

*1 Barsch ohne Kopf
(oder ein Fisch nach Saison)*

1 TL Mehl

7– 8 TL Öl

1 kleine Zwiebel

1 l Gemüsebrühe

2 TL Weißwein

1 TL Estragon

1 TL Paprikapulver

1 Loorbeerblatt

1 Messerspitze Pfeffer

*2 Scheiben Zitrone ohne
Schale*

1 TL Zucker

etwas Salz

Zubereitung

Den Fisch unter kaltem Wasser säubern und filetieren. Die Gräten beiseite legen. Zwiebel würfeln und mit Mehl in Öl goldbraun anschwitzen.

Paprikapulver, Fischgräten und Wein zugeben und mit Gemüsebrühe ablöschen. Den Fond nun 20 –30 Minuten köcheln lassen. Nach dem Kochen, den Fischfond durch ein feines Sieb abseihen und zur Seite stellen.

Anschließend den filetierten Fisch in eine feuerfeste Pfanne legen und mit Fischfond, Estragon, Lorbeerblatt, einer Messerspitze Pfeffer, 2 Scheiben Zitrone und einem Teelöffel Zucker würzen. Den Backofen auf 200 °C vorheizen. Die vorbereitete Fischpfanne auf mittlerer Schiene 15 Minuten bei 200 °C garen.

Tipp: *Mit Reis oder Makkaroni servieren.*

Meerbrassenragout
Pește rasol

Zutaten

500 g Meerbrassenfilet

1 Karotte

1 Petersilienwurzel

1 kleiner Knollensellerie

1 Zwiebel

*10 – 14 schwarze Pfeffer-
körner*

2 mittelgroße Kartoffeln

1 Lorbeerblatt

1 EL Zitronensaft

1 l Wasser

Griechische Soße

1 TL Senf

50 ml Öl

2–3 EL Wasser

1 TL Zitronensaft oder

Knoblauchsoße

4 Knoblauchzehen

½ TL Salz

8 EL Fischfond

4 EL Öl

1 TL Zitronensaft

Zubereitung

Fischfilets gut waschen. Karotten, Petersilienwurzel, Knollensellerie, Kartoffeln und Zwiebeln in feine Streifen schneiden und mit 1 Liter Wasser zum Kochen bringen. Zitronensaft, Salz und Fischfilets dazugeben und 15 Minuten bei mittlerer Hitze bissfest kochen. Den Gemüsesud samt dem Fisch erkalten lassen.

Nun die Soßen zubereiten. Dazu die jeweiligen Zutaten unter ständigem Rühren, miteinander vermengen. Den fertigen Fisch heraus nehmen, auf ein Gemüsebett legen und die gewünschte Soße darüber gießen.

Tipp: Das Meerbrassenragout kann auch warm serviert werden. Dazu wird es mit Butterflocken, Petersiliengrün und Zitronenscheiben garniert.

Flußkrebse mit Reis
Pilaf cu raci

Zutaten

5 – 10 Flusskrebse

1 l Wasser

3 EL Öl

1 TL Zitronensaft

etwas Weißwein

100 g Reis

1 kleine Zwiebel

2–3 zerdrückte Knoblauch-
zehen

1 Karotte

1 Bund Petersilie

1 kleiner Knollensellerie

12 schwarze Pfefferkörner

1 Lorbeerblatt

Salz

Zubereitung

Für den Gemüsefond Karotte, Knollensellerie und Zwiebel würfeln. Zusammen mit der fein gehackten Petersilie, Pfefferkörnern, Lorbeerblatt und etwas Salz in 1 Liter
Wasser zum Sieden bringen.

Inzwischen die Krebse mit einer Bürste gründlich waschen. Mit einem Messer die mittlere Schuppe am
Schwanz herausziehen und die Tiere in den siedenden
Gemüsefond geben. Etwas Wein und die zerdrückten
Knoblauchzehen hinzugeben. Die Krebse sieden lassen,
bis sie rot sind. Anschließend den Topf vom Herd nehmen und die Krebse im Sud erkalten lassen.

Die gewürfelten Zwiebeln mit Reis in 3 Esslöffel Öl andünsten, dann mit ½ Liter Krebsfond ablöschen und
unter permanentem Rühren 20 Minuten leicht kochen.
Abschließend mit Salz und Zitronensaft abschmecken.
Die Krebse auf einem Reisbett anrichten und mit etwas
klein gehackter Petersilie garnieren.

*Tipp: An Stelle von Flußkrebsen können Sie ungekochte,
große Garnelen oder Hummer verwenden.*

NACHSPEISEN

Harlekin
Arlechin

Zutaten

Der Teig

420 g Mehl

280 g handwarme Butter

140 g Puderzucker

200 g Sauerrahm

1 Ei

1 Messerspitze Salz

Zitronenschale

Die Füllung

3 Marmeladen

Die Glasur

4 Eigelb

100 g Puderzucker

1 Päckchen Vanillezucker

1 EL Zitronensaft

Zubereitung

Butter ca. 2 Minuten lang mit Puderzucker verrühren. Der Reihe nach Ei, Salz, Sauerrahm, unbehandelte Zitronenschale und Mehl unterheben und zu einem Teig kneten. Anschließend auf dem Boden einer nicht gefetteten rechteckigen Backform mit dem Messer eine dünne Schicht Teig auftragen.

Im vorgeheizten Backofen bei 175 °C auf der mittleren Schiene etwa 8–10 Minuten backen. Achten Sie darauf, dass der Teig nicht braun wird. Den fertigen Teig vorsichtig aus der Form lösen, erkalten lassen und mit einer Sorte Marmelade bestreichen. Auf die gleiche Weise werden insgesamt 4–5 Teigblätter gebacken, mit den verschiedenen Marmeladensorten bestrichen und aufeinander gelegt. Das letzte Teigblatt wird nicht mit Marmelade, sondern mit Glasur versehen.

Für die Glasur Eigelb, Zucker und Vanillezucker vermischen. Zitronensaft hinzugeben und das Ganze nochmals verrühren und vorsichtig auf das oberste Teigblatt auftragen. Über Nacht kühl stellen, bis die Glasur getrocknet ist. Den fertigen Kuchen mit Puderzucker bestäuben und in etwa 2,5 cm große rechteckige Stücke schneiden.

Tipp: Der Kuchen kann auch in Plätzchenform gebracht und als Weihnachtsgebäck verwendet werden, da er sich lange aufbewahren lässt.

Ischler
İşlere

Zutaten

Der Teig

220 g Mehl

180 handwarme Butter

100 g gemahlene Walnüsse

70 g Puderzucker

1 Eigelb

1 Messerspitze Salz

1 Päckchen Vanillezucker

Die Creme

1 Ei

90 g Zucker

125 g handwarme Butter

1 Päckchen Vanillezucker

1 EL Kakao

1 Vollmilchglasur

Zubereitung

Butter mit Puderzucker verrühren und Salz, Vanille-zucker sowie Eigelb zugeben. Mehl und Nüsse vor-sichtig unterheben. Den Teig über Nacht zugedeckt im Kühlschrank ruhen lassen. Am nächsten Tag den Teig auf einer bemehlten Fläche auf eine Dicke von ca. ½ cm ausrollen und mit einem Glas Kreise ausstechen.

Den Backofen auf 180 °C vorheizen. Die Teigkreise im vorgeheizten Backofen auf der mittleren Schiene 7 Mi-nuten bei 200 °C backen. Achten Sie darauf, dass der Teig nicht braun wird. Danach mit einem Tortenheber vorsichtig zum Abkühlen auf eine glatte Fläche legen.

Für die Creme-Füllung das Ei mit Zucker und Vanille-zucker im Wasserbad schlagen, bis sich eine konsistente Masse gebildet hat. Die Zuckermasse aus dem Wasser-bad nehmen und etwas abkühlen lassen. Die Butter cremig rühren und die Zuckermasse löffelweise unter-heben, bis wiederum eine konsistente Masse entstan-den ist.

Zum Einfärben der Kekse nun noch den Kakao anrüh-ren. Jeweils zwei erkaltete Plätzchen mit Creme zusam-menfügen. Anschließend die Vollmilchglasur im Was-serbad erhitzen und die gefüllten Plätzchen mit einer Hälfte darin eintauchen.

Tipp: Wenn Sie die Plätzchen zur Weihnachtszeit backen, dann können Sie auch weihnachtliche Motive aus dem Teig stechen.

Dobosch Torte
Tort Doboș

Zutaten

Biskuitteig

8 Eier

250 g Zucker

200 g Mehl

1 Päckchen Vanillezucker

Die Creme

2 Eier

180 g Zucker

250 g handwarme Butter

1 Päckchen Vanillezucker

1 EL Kakao

Karamellglasur

159 g Zucker

Zubereitung

Für die Tortenböden wird ein Biskuit gebacken. Dafür die Eier trennen, Eiweiß schlagen, Zucker sowie Vanillezucker nach und nach zugeben und weiter schlagen, bis die Masse steif wird. Eigelb vorsichtig unterheben. Zuletzt Mehl löffelweise langsam einrühren. Backofen auf 180 °C vorheizen.

Den Boden einer runden Kuchenform buttern und mit Mehl einstäuben. Mit einem Messer eine ca. ½ cm dicke Schicht Biskuitteig auftragen und im vorgeheizten Ofen auf mittlerer Schiene 6 Minuten bei 180 °C backen. Danach die Form stürzen und das Teigblatt auf eine glatte Fläche zum Auskühlen legen. Auf diese Weise werden 6–7 Blätter hergestellt.

Für die Creme Eier, Zucker und Vanillezucker im Wasserbad rühren, bis die Masse konsistent ist. Butter in einer Schüssel mit einem Rührgerät aufschlagen und unter permanentem Rühren löffelweise von der Ei-Zucker-Masse zugeben. Abschließend zum Einfärben Kakao einrühren. Die einzelnen Tortenböden (bis auf das letzte Blatt) jeweils mit einer Lage Creme versehen und aufeinander schichten. Das letzte Blatt auf einer separaten Fläche mit Glasur bestreichen.

Für die Glasur Zucker in einem Topf erhitzen, bis er goldbraun (nicht zu dunkel) karamellisiert, dann die geschmolzene Masse vorsichtig auf dem verbliebenen Teigblatt verstreichen. Den glasierten Boden in 12–16 Stücke abteilen und entlang der Markierungen schneiden. Es muss zügig gearbeitet werden, damit die Glasur nicht vorher erkaltet und fest wird. Abschließend die ausgekühlten Stücke auf die vorbereitete Torte setzen.

Tipp: Zum Abteilen der 12–16 Stücke eignet sich der gebutterte Rücken eines Messers. Mit der restlichen Creme können Sie den Rand der Torte bestreichen.

Gedeckter Apfelkuchen
Prăjiturā cu mere

Zutaten

Teig

400 g Mehl

200 g handwarme Butter

200 g Sauerrahm

Zitronenschale von einer unbehandelten Zitrone

1 TL Zitronensaft

1 Päckchen Backpulver

1 Ei

1 Messerspitze Salz

50 g Puderzucker

1 Päckchen Vanillezucker

Füllung

1 kg Äpfel

4 EL Zucker

1 TL Zimt

2 EL Grieß

Zubereitung

Die Butter ca. 1 Minute lang mit dem Zucker verrühren. Das Ei trennen, Eigelb hinzugeben und die Masse glatt rühren. Sauerrahm, Salz, Zitronensaft sowie Zitronenschale und Vanillezucker zugeben und schließlich mit Mehl und Backpulver zu einem Teig verarbeiten. Dann ca. 2 Stunden zugedeckt kalt stellen.

Den Teig in zwei Hälften aufteilen. Die eine Hälfte auf einem gebutterten Backblech auf ca. ½ cm Dicke ausrollen und mit 2 Esslöffel Grieß gleichmäßig bestreuen. Nun die geschälten Äpfel reiben. Die geriebenen Äpfel verteilen, mit Zucker und Zimt bestreuen.

Die zweite Hälfte des Teiges auf einer separaten gemehlten Fläche ausrollen und auf den mit Apfelmasse bedeckten Teig legen. Mit einer Gabel den Teig diagonal in mehreren Reihen einstechen. Backofen auf 180 °C vorheizen.

Inzwischen das übrig gebliebene Eiweiß leicht aufschlagen und mit einem Pinsel auf die obere Teigschicht streichen. Im vorgeheizten Backofen 30 Minuten auf mittlerer Schiene bei 180 °C backen. Auf dem Backblech auskühlen lassen, dann in rechteckige Stücke schneiden und abschließend mit Puderzucker bestreuen.

Tipp: *Den Apfelkuchen mit einem Klecks Sahne servieren.*

Charlotte
Charlotte

Zutaten

Biskuitteig
4 Eier
140 g Zucker
100 g mehl

Creme
8 Eigelb
3 becher Sahne
120 g Zucker
70 g Rosinen
ca. 100 ml Rum
6 Blatt Gelatine

Zubereitung

Rosinen vorab 2 Stunden in Rum einlegen.

Für den Biskuitteig zunächst Eier trennen und Eiweiß zu Schnee aufschlagen, Zucker zugeben und weiter schlagen. Eigelb hinzugeben und zuletzt löffelweise Mehl unterheben. Eine Springform einfetten und mit etwas Mehl bestäuben. Den Teig hineingeben und im vorgeheizten Backofen 20 Minuten bei 200 °C auf mittlerer Schiene backen. Anschließend aus der Form lösen und auf einem Kuchengitter erkalten lassen.

Für die Creme Zucker und 1 Becher Sahne in einem Topf bei geringer Wärme auf dem Herd verrühren. Darauf achten, dass es nicht siedet. Die beiden anderen Becher Sahne steif schlagen. Die Creme-Basis unter die geschlagene Sahne heben.

In der Zwischenzeit die eingeweichte Gelatine auf dem Herd bei mittlerer Hitze auflösen. Achtung: Die Gelatine darf beim Auflösen nicht sieden! Die aufgelöste Gelatine unter die Creme-Masse rühren. Eine Torten-Springform mit kaltem Wasser ausspülen und die abgetropften Rosinen auf dem Boden der Form verteilen.

Die Creme darüber gießen, den kalten Biskuit darüber legen und im Kühlschrank über Nacht zugedeckt ruhen lassen. Am nächsten Tag die Charlotte mit einem Messer vorsichtig vom Rand der Springform lösen und auf eine Tortenplatte stürzen.

Tipp: Die Torte kann mit geschlagener Sahne serviert werden.

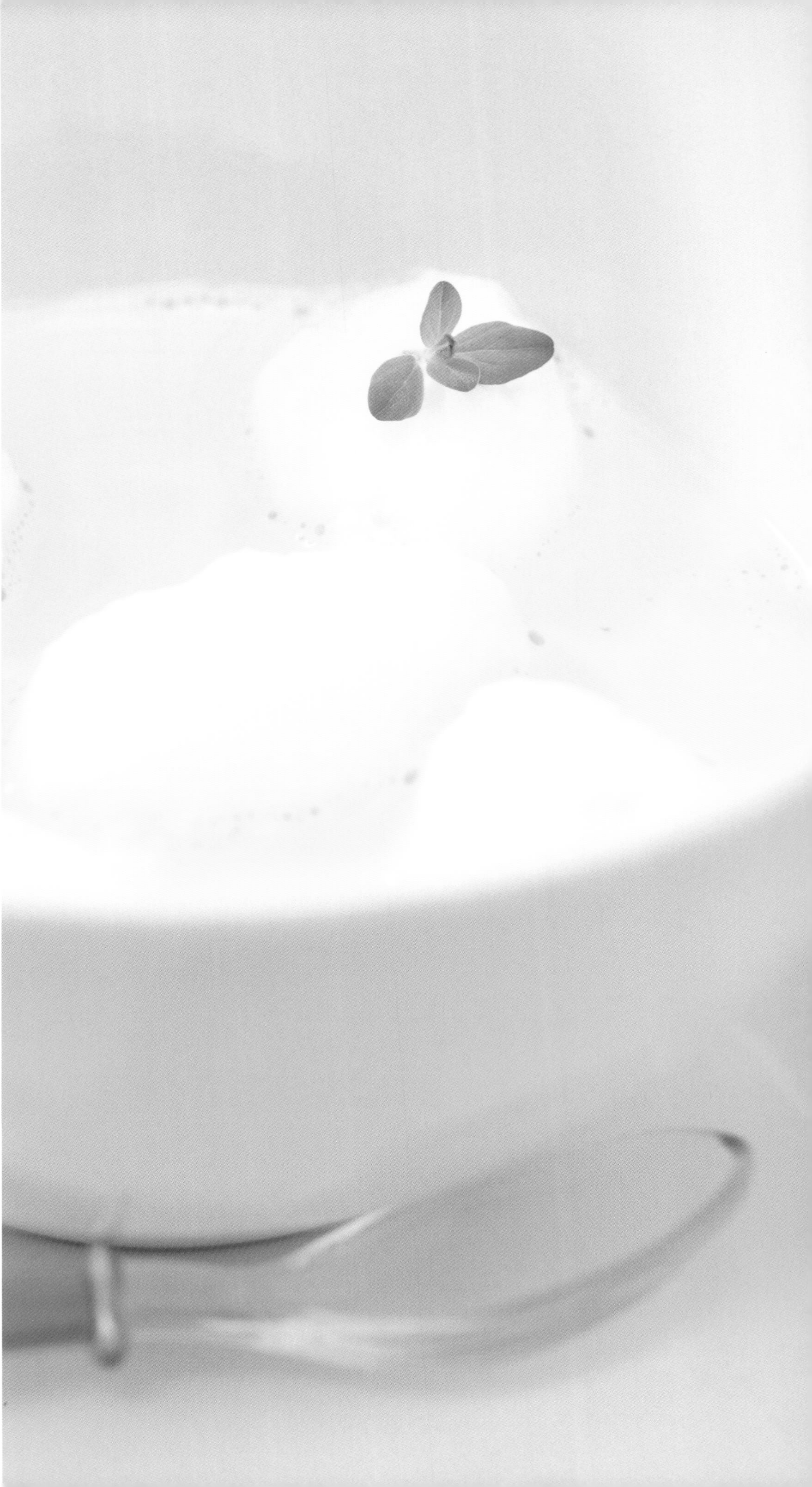

Vogelmilch
Lapte de pasăre

Zutaten

3 Eier

4 EL Zucker

½ l Milch

1 Vanillestange

Zubereitung

Eier trennen und zuerst das Eiweiß aufschlagen. Wenn es fest ist, 3 Esslöffel Zucker hinzugeben und weiter schlagen.

Zwischenzeitlich Milch mit Vanillestange erhitzen, aber nicht zum Sieden bringen. Mit einem Esslöffel aus der geschlagenen Eiweißmasse Klöße formen und in die heiße Milch geben. Einmal kurz aufkochen.

Die Klöße wenden und schließlich mit einem Schaumlöffel heraus nehmen. Auf diese Weise die ganze Eiweißmasse verarbeiten. Die Milch vom Herd nehmen und die Klöße in einer Schüssel zur Seite stellen.

Nun das Eigelb mit einem Esslöffel Zucker schaumig rühren. Mit 3–4 Esslöffel kalter Milch verdünnen und alles unter ständigen Rühren in die warme Milch geben. Sobald die Vogelmilch eine etwas dickere Konsistenz bekommen hat, ist sie fertig. Wenn die Masse lauwarm ist, wird sie zu den Klößen in die Schüssel gegeben.

Tipp: Die Vogelmilch kalt und mit einem Minzblatt servieren.

Danksagung

Das größte Dankeschön geht an meine Mutter – Ihre über Jahre hinweg aufgeschriebenen und gesammelten Rezepte machten dieses Projekt erst möglich. Ein besonderes Danke geht an Norbert Steger, der mich über den ganzen Schaffensprozess hinweg motivierte, begleitete und unterstützte. Ein von Herzen kommendes Danke geht an Thomas, der meine Endspurtnervosität einfach wegzauberte.

Impressum

Redaktion: Christina Bugl

Grafikdesign: Reinald Fenke, graphisches-atelier-fenke.com

Fotografie: Brigitte Sauer, fotografie-brigitte-sauer

Druck + Bindung: bugl-Druck, bugl-Druck.de

Copyright© 2013 der deutschsprachigen Ausgabe by wortraum-Verlag, München, wortraum-verlag.de

ISBN 978-3-00-041380-3
Alle deutschsprachigen Rechte vorbehalten.

HINWEIS
Alle Informationen und Hinweise, die dieses Buch beinhaltet, sind vom Autor nach bestem Wissen erarbeitet und von ihm sowie dem wortraum-Verlag mit der höchst möglichen Sorgfalt überprüft worden. Unter Berücksichtigung des Produkthaftungsrechts weisen wir allerdings darauf hin, dass inhaltliche Fehler nicht völlig auszuschließen sind. Für etwaige fehlerhafte Angaben können Autor, Verlag und Verlagsmitarbeiter keinerlei Verpflichtung wie auch Haftung übernehmen. Korrekturhinweise und Rückmeldungen jeglicher Art sind unter kontakt@wortraum-verlag.de jederzeit willkommen.